Snezana Jancic
Velimir Milosevic

Leptina - Da Obesidade ao Carcinoma

Snezana Jancic
Velimir Milosevic

Leptina - Da Obesidade ao Carcinoma

ScienciaScripts

Imprint
Any brand names and product names mentioned in this book are subject to trademark, brand or patent protection and are trademarks or registered trademarks of their respective holders. The use of brand names, product names, common names, trade names, product descriptions etc. even without a particular marking in this work is in no way to be construed to mean that such names may be regarded as unrestricted in respect of trademark and brand protection legislation and could thus be used by anyone.

Cover image: www.ingimage.com

This book is a translation from the original published under ISBN 978-3-659-90320-5.

Publisher:
Sciencia Scripts
is a trademark of
Dodo Books Indian Ocean Ltd. and OmniScriptum S.R.L publishing group

120 High Road, East Finchley, London, N2 9ED, United Kingdom
Str. Armeneasca 28/1, office 1, Chisinau MD-2012, Republic of Moldova, Europe
Managing Directors: Ieva Konstantinova, Victoria Ursu
info@omniscriptum.com

Printed at: see last page
ISBN: 978-620-5-89776-8

Leptina - Da obesidade ao carcinoma
Snezana A Jancic e Velimir S Milosevic

Snezana A. Jancic MD PhD,
Professor de Patologia
Departamento de Patologia
Faculdade de Ciências Médicas, Universidade de Kragujevac Svetozara Markovica
69, 34000 Kragujevac, Sérvia Tel: +381 65 877 66 67
e - mail :sjancic@medf.kg.ac.rs

e

Velimir S. Milosevic, médico, doutoramento,
Departamento de Gastroenterologia e Hepatologia,
Centro Clínico do Montenegro
Ljubljanska Street 1, 20 000 Podgorica, Montenegro Telefone +38269302648
correio eletrónico : vejja@t-com.me

Correspondência para : Snezana A. Jancic MD,PhD, Department of Pathology,
Faculty of Medical Sciences Kragujevac University, Svetozara Markovica 69,340 00
Kragujevac, Serbia; Telefone +381658776667, e-mail : sjancic@medf.kg.ac.rs

Conteúdo

Capítulo 1 4
Capítulo 2 5
Capítulo 3 13
Capítulo 4 36

Resumo

A obesidade é uma doença multicausal que, na última década, se tornou uma pandemia. Está associada a um risco acrescido de várias doenças inflamatórias, metabólicas, cardiovasculares, endócrinas, malignas, mentais e outras. Uma molécula chave no desenvolvimento da obesidade é a leptina, um produto do gene LEP (gene Ob), que está localizado no braço longo do cromossoma 7 (7q31). A leptina é produzida maioritariamente no tecido adiposo branco, mas encontra-se em menor quantidade em muitos tecidos não adiposos. A leptina exerce os seus efeitos através de um recetor específico (LEPR). A isoforma longa LEPRb é a isoforma de sinalização e transdução, uma vez que ativa as vias de transdução intracitoplasmáticas e é responsável pela ação da leptina.

Este artigo ilustra principalmente as funções fisiológicas da leptina em diferentes tecidos e, em seguida, analisámos o papel da leptina na inflamação e na imunomodulação. Tendo em conta que as pessoas obesas têm 1,5 a 3,5 vezes mais probabilidades de desenvolver tumores malignos, testámos a leptina e os seus receptores em relação aos cancros colorrectal, endometrial, da mama, da próstata, do fígado, do estômago, do pâncreas e da tiroide.

Ao ativar diferentes vias de sinalização, a leptina desencadeia a proliferação, a angiogénese e a apoptose das células cancerígenas. Em muitos tumores, a leptina tem sido significativamente associada a parâmetros de prognóstico clínico-patológico. Num grande número de tumores, níveis elevados de leptina e/ou uma expressão elevada do recetor da leptina foram associados a um fenótipo tumoral agressivo.

Palavras chave: obesidade, leptina, inflamação, cancro.

I. Introdução

A obesidade é uma doença crónica que se manifesta por uma acumulação excessiva de gordura corporal e um aumento do peso corporal. Desde 1980, a incidência da obesidade a nível mundial duplicou e estima-se que mais de 1,5 mil milhões de pessoas tenham excesso de peso (1). De acordo com relatórios da Organização Mundial de Saúde (OMS), existem mais de 400 milhões de pessoas clinicamente obesas no mundo e a prevalência de excesso de peso e obesidade em muitos países está a aproximar-se de proporções pandémicas (2).

Anos de investigação demonstraram que o tecido adiposo é um órgão endócrino ativo que desempenha um papel importante no metabolismo dos hidratos de carbono e das gorduras. Atualmente, a obesidade é vista como um problema de saúde global porque está associada a um risco acrescido de desenvolvimento de várias doenças inflamatórias, malignas, metabólicas, cardiovasculares, endócrinas, renais e outras (3,4,5,6). Na literatura, existem provas convincentes de uma ligação entre muitas doenças malignas histogénicas e a obesidade (6,7,8,9,10). A obesidade tem também consequências psicológicas, como o isolamento social, a perda de autoestima, a depressão, o nervosismo e uma vida sexual mais limitada (11,12).

O peso corporal constante é mantido pelo mecanismo de feedback, no qual, para além do hipotálamo, que desempenha um papel central, participam as seguintes partes do SNC: o núcleo do trato solitário, o núcleo da amígdala, partes do sistema límbico e o córtex cerebral (11). A obesidade ocorre quando a ingestão de calorias excede as necessidades energéticas durante um longo período sem que seja consumida energia suficiente. As pessoas com um índice de massa corporal (IMC) superior a 30 kg/m^2 são consideradas obesas (2).

Numerosos estudos epidemiológicos e genéticos sugerem que a obesidade é uma doença multicausal, resultante da interação de factores genéticos, sociais, culturais e outros factores ambientais (13,14). Uma molécula chave no desenvolvimento da obesidade é a leptina, o produto do gene LEP (gene Ob), que está localizado no braço longo do cromossoma 7 (7q31) (15).

II. Leptina

A. Estrutura da leptina (LEP) e do recetor da leptina (LEPR)

A leptina é uma proteína de 167 aminoácidos com um peso molecular de 16 kDa e pertence à família das citocinas (15). A sua estrutura faz dela um neuropeptídeo típico com função anorexígena, conhecida como "hormona da saciedade", pois desempenha um papel fundamental no controlo da ingestão alimentar e do consumo de energia. O seu nome deriva da palavra grega "Leptos" que significa magro ou esguio (16,17). Foi descoberta em 1994 por Zhang et al. que, ao efectuarem uma análise genética de uma estirpe de ratinhos obesos (conhecidos como ratinhos ob/ob), verificaram que estes ratinhos não possuíam um gene (o gene ob) cujo produto está envolvido na regulação do peso corporal. Observou-se também que a ausência deste gene era responsável pela obesidade excessiva (16). Posteriormente, foi demonstrado que a falta de leptina em ratinhos com mutações nos genes que codificam a leptina ou a ausência de receptores funcionais da leptina conduz, para além da obesidade, a outras doenças metabólicas relacionadas, como a resistência à insulina (17).

Nos adultos, a leptina é produzida principalmente no tecido adiposo branco. A leptina é simultaneamente sintetizada em pequenas quantidades em muitos tecidos não adiposos, incluindo os pulmões (18), as células epiteliais mamárias (19), a mucosa gástrica (20), o cérebro, os miócitos, os ossos e as cartilagens (21), a placenta, o líquido amniótico e o plasma fetal (22). A expressão da leptina foi encontrada na próstata, nos testículos, nos ovários, no endométrio e nos folículos pilosos (23). A quantidade de leptina produzida pelos tecidos não adiposos é baixa e actua principalmente de forma autócrina ou parácrina; por conseguinte, considera-se que não tem importância na regulação endócrina do consumo de energia (24).

A leptina circula no plasma sob a forma livre ou ligada à proteína de ligação à leptina. Num maior número de pessoas magras, a leptina circula na forma ligada, ao passo que nas pessoas obesas está sobretudo presente na forma livre. O valor médio da leptina sérica em pessoas com peso corporal normal é de 4 ng/mL, enquanto que em pessoas obesas a leptina sérica é de cerca de 40 ng/mL. Os níveis de leptina circulante aumentam durante a noite, atingindo o seu pico a meio da noite. Observou-se que o ritmo circadiano da leptina é oposto aos níveis de cortisol circulantes, que atingem o pico no início da manhã (24).

A secreção de leptina nos adipócitos e os seus níveis circulantes são regulados principalmente pela insulina, glucocorticóides e catecolaminas. Os agonistas beta-adrenérgicos e as tiazolidinedionas estão associados a uma redução da expressão da leptina. A obesidade exógena leva a um aumento da deposição de gordura, que por sua vez aumenta os níveis de leptina circulantes (24,25). Nos seres humanos, foi encontrada uma correlação positiva entre os níveis de leptina circulantes, a massa de tecido adiposo subcutâneo e o índice de massa corporal (IMC). Foi observado que, quando se trata de aumentar o número e o tamanho dos adipócitos, o gene LEP/Ob começa por produzir leptina, que é segregada na circulação (26). A leptina fornece ao cérebro informações sobre os depósitos de gordura no corpo e, por conseguinte, faz parte do mecanismo de feedback que pode funcionar como um lipóstato (27,28). A leptina é libertada ciclicamente, normalmente 2 a 3 horas após uma refeição, mas tem uma semi-vida de 30 minutos. Os níveis de leptina são elevados no soro de indivíduos obesos e diminuem lentamente durante o processo de envelhecimento (28). A redução da leptina é maior nas mulheres do que nos homens e não depende do índice de massa corporal ou de outras alterações endócrinas associadas ao envelhecimento (29,30).

A leptina exerce os seus efeitos através de um recetor específico (LEPR), codificado pelo gene LEPR/Ob-R. O recetor da leptina foi isolado pela primeira vez do plexo coroide de um rato (31). O recetor da leptina pertence à primeira classe da superfamília de receptores de citocinas, que inclui receptores para várias interleucinas (IL-6, IL-11, IL-12), interferão-y, eritropoietina, hormona do crescimento, prolactina e oncostatina M. O recetor da leptina foi identificado como uma proteína com múltiplas isoformas de LEP-Ra a LEP-Rf, que estão ligadas por splicing alternativo. A isoforma longa LEP-Rb, que parece ser uma isoforma de sinalização transdutiva funcional, é activada como uma via de transdução intracitoplasmática e é responsável pelas acções da leptina. Observam-se normalmente níveis elevados de expressão da isoforma LEP-Rb nos neurónios hipotalâmicos e pancreáticos, nas células endoteliais vasculares, nas células epiteliais intestinais, etc. O papel das isoformas LEP-R, que têm um domínio citoplasmático curto, ainda não está definido com exatidão, mas como a expressão de LEP-Ra está presente nos plexos coróides, assumiu-se que esta isoforma é responsável pelo transporte da leptina através da barreira hemato-encefálica (33,34). A LEP-Re é uma isoforma solúvel da leptina que regula a duração da semi-vida e é responsável pelo transporte da leptina na corrente sanguínea. É a principal proteína de ligação à leptina no plasma (35).

B. Funções da leptina e do recetor da leptina

A principal função da leptina é regular o peso corporal através de um feedback negativo entre o tecido adiposo e o centro de saciedade no estômago.

o hipotálamo (36,37). A leptina pode atuar diretamente no metabolismo, aumentando a sua intensidade nos adipócitos e nos tecidos não adiposos, bem como aumentando a oxidação dos ácidos gordos, e indiretamente - reduzindo os níveis de insulina no plasma e reduzindo a sensibilidade dos tecidos periféricos (principalmente adipócitos) à insulina (25, 24). A leptina está também envolvida na regulação da energia.
A leptina desempenha um papel importante na proliferação de muitos tecidos normais e neoplásicos, na angiogénese, etc. (18, 25, 36, 38, 39). A leptina desempenha um papel importante na hematopoiese. É segregada nos adipócitos das células da medula óssea e estimula a mielopoiese, a linfopoiese e a eritropoiese normais, promovendo assim a proliferação e a diferenciação das células hematopoiéticas (40).

Vários anúncios realçam o papel importante e diversificado da leptina na reprodução. Pensa-se que a leptina acelera o início da puberdade e verificou-se que os níveis de leptina são mais elevados a meio da fase lútea. A hormona estrogénio aumenta os níveis de leptina, ao passo que foi observada uma diminuição dos níveis de leptina durante a menopausa (23, 41). Várias experiências demonstraram que
A administração de leptina a ratinhos fêmeas provoca a ovulação, a gravidez e a lactação (23).

A leptina está presente no plasma fetal e os seus níveis estão positivamente correlacionados com o peso da placenta e o peso à nascença. Além disso, em pacientes com pré-eclâmpsia, foram observados níveis aumentados de leptina no plasma e no tecido placentário (42, 43). A leptina também foi encontrada no leite materno, juntamente com outras citocinas. Pensa-se que o nível de leptina no leite materno depende do índice de massa corporal (IMC) da mãe (44). Parece que a leptina actua como um regulador do apetite e do aumento de peso durante a infância (45).

Experiências efectuadas em ratos mostraram que a leptina inibe a secreção de testosterona. Nos homens hipogonadais com níveis reduzidos de testosterona, os níveis de leptina estão elevados. A reposição de testosterona leva à normalização dos níveis de leptina (46).

Para além do eixo gonadal, a leptina modula a função do eixo hipotálamo-hipófise-tiroideia. Recentemente, Radwanska e Kosior-Korzecko, numa experiência com ovelhas, observaram que a leptina, numa concentração de 10-10 a 10-6 mol/L em condições "in vitro", estimula a secreção de TSH pela hipófise e que ocorre um declínio da secreção de TSH após a administração de concentrações elevadas de leptina (10-5 mol/L). Os autores referem que um índice de massa corporal (IMC) elevado, associado a níveis elevados de leptina, conduz a perturbações na secreção e libertação de TSH (47).

No trato gastrointestinal, a leptina funciona como um potente secretagogo de muco. À luz do exposto , Plaisancie et al. demonstraram numa experiência que a leptina administrada localmente estimula a secreção de mucina glicoproteica no cólon, através da expressão de um LEPR funcional. Os mesmos autores mostraram também que a leptina luminal na mucosa do cólon, para além de ativar a secreção de mucina, ajuda a reconstituir as reservas intracelulares das células caliciformes. Além disso, mostraram também que a leptina aumenta a produção de MUC2, que é a mucina secretora predominante num cólon saudável em humanos, ratos e ratinhos (48,49).

Foi igualmente demonstrado que a leptina está presente no estômago e considera-se que tem origem no estômago. Esta leptina gástrica endógena actua como uma hormona gastrointestinal que, através de vias autócrinas e/ou parácrinas, desempenha um papel importante na regulação da secreção de ácido gástrico e de hormonas gástricas e modula a passagem intestinal (50). Outro estudo demonstrou que a administração sistémica de doses elevadas de leptina aumenta a secreção de muco gástrico (51).

A expressão de um recetor de leptina funcional (LEPRb) na camada basal e a ausência simultânea de expressão na camada suprabasal da epiderme da pele do rato indicam que a leptina pode desempenhar um papel importante na regulação da regeneração epidérmica cíclica (52,53). Experiências em ratos mostraram que a aplicação local (tópica) de leptina promove a cicatrização de feridas cutâneas induzidas quimicamente, acelerando a proliferação, diferenciação e migração de queratinócitos epidérmicos, por um lado, e aumentando a angiogénese no ambiente da ferida, por outro. Tendo em conta o que precede, sugere-se que a aplicação tópica de leptina poderá ser o tratamento de eleição para acelerar a cicatrização de feridas cutâneas (52,54).

A leptina diminui a síntese dos triglicéridos, aumenta a oxidação dos lípidos intracelulares e reduz a secreção de insulina. Pensa-se que a leptina produz estes efeitos agindo diretamente sobre as células B do pâncreas (55).

C. Leptina e inflamação

Há muito que se observou que a leptina está envolvida nos processos de inflamação e imunomodulação. Dados de numerosos estudos, utilizando diferentes modelos experimentais de inflamação, indicam o papel pró-inflamatório da leptina, o que é confirmado pelas semelhanças estruturais e funcionais entre a leptina e as citocinas da família das interleucinas (56,57,58). Verificou-se que os doentes obesos apresentam níveis mais elevados de marcadores inflamatórios, como a proteína C-reactiva, o fator de necrose tumoral alfa (TNF-a), a interleucina 6 (IL-6), a interleucina 18 (IL-18), o MIF (fator inibidor da migração dos macrófagos), a haptoglobina, a SAA (amiloide sérica A) e o plasminogénio. Por um lado, a leptina estimula a produção de citocinas inflamatórias, enquanto que, por outro lado, citocinas como a IL-6, a IL-1 p e o TNF-a também desencadeiam a produção de leptina pelo tecido adiposo e regulam a sua expressão, mantendo assim um estado pró-inflamatório crónico (59). Além disso, a leptina induz a captação de colesterol pelos macrófagos, estimula a angiogénese, a agregação plaquetária e o stress oxidativo nas células endoteliais e inibe o vasorelaxamento, aumentando assim o risco de aterosclerose (60).

Foi observado que os níveis de leptina aumentam rapidamente em condições de inflamação aguda, como a colecistite, a infeção aguda e a sépsis (60). Foi demonstrado que a leptina é um fator-chave na resistência do hospedeiro e que, na sua ausência, os danos nos órgãos induzidos pela sépsis são maiores. A leptina desempenha também um papel importante no sistema nervoso central, onde controla a resposta imunitária sistémica na sépsis (62).

Para além das funções pró-inflamatórias da leptina para ajudar o hospedeiro a lutar contra as infecções, há cada vez mais provas de que a leptina está associada a um risco acrescido de desenvolvimento de certas doenças inflamatórias crónicas e auto-imunes (63). A experiência, baseada na análise dos efeitos da leptina na suscetibilidade à autoimunidade, mostrou que a leptina pode ser um promotor da auto-reatividade. As observações de que os ratinhos ob/ob deficientes em leptina são resistentes ao desenvolvimento de doenças auto-imunes induzidas experimentalmente (64) corroboram esta observação. Estudos realizados em humanos mostraram que a leptina está envolvida na patogénese da osteoartrite através da produção de metaloproteinases da matriz e de óxido nítrico sintase tipo 2. Na cartilagem destes doentes, foi simultaneamente observado um aumento da produção de leptina (65). Foram relatados níveis elevados de leptina em doentes com lúpus eritematoso sistémico (66,67).

Os doentes com esclerose múltipla apresentam um aumento da produção de leptina tanto no soro como no líquido cefalorraquidiano. Além disso, os níveis de leptina são mais elevados no líquido cefalorraquidiano do que no soro, o que indica uma possível síntese secundária de leptina no SNC e/ou um aumento do transporte através da barreira hemato-encefálica (68).

Sabe-se que a diabetes tipo 2, a aterosclerose e outras doenças associadas à obesidade têm uma relação causal com a inflamação. Em pessoas com doença coronária, a leptina demonstrou ser um fator de risco independente e os seus níveis estão correlacionados com a proteína C-reactiva, os triglicéridos plasmáticos e os valores de glicose plasmática (69,70).

Duas experiências diferentes observaram também que a leptina poderia ter efeitos anti-inflamatórios. Erkasap et al. mostraram um efeito gastroprotector da leptina, uma vez que a leptina acelerou a cicatrização de úlceras gástricas agudas induzidas pelo etanol (71), enquanto Cakir et al. mostraram que a leptina reduziu a gravidade da colite aguda induzida pelo ácido acético através de um mecanismo dependente de neutrófilos regulado pelo eixo hipotálamo-hipófise-adrenal (72).

D. Leptina e imunomodulação (Leptina e regulação da imunidade)

A leptina está envolvida na regulação da imunidade, actuando em vários tipos de células imunitárias. O recetor da leptina é expresso por neutrófilos, monócitos, macrófagos, subpopulações de linfócitos T e B, mastócitos, células dendríticas e células NK (natural killer). Através do seu recetor, que se liga aos macrófagos e monócitos, a leptina estimula a fagocitose regulando o stress oxidativo (73,74). Além disso, a leptina ativa os macrófagos através da via intracelular da quinase mTOR, que representa uma via de sinalização intracelular dependente da resposta aos nutrientes. Esta via liga os sinais dos factores de crescimento e dos nutrientes a determinados níveis de crescimento celular, controlando assim o crescimento celular (75). A leptina aumenta igualmente a produção da hormona do crescimento através das vias de sinalização dependentes da PKC e do óxido nítrico (76).

Nos eosinófilos, a leptina induz a expressão de moléculas de adesão e de CD18, aumentando os processos quimiocinéticos e estimulando a libertação de citocinas inflamatórias IL-10, IL-6, IL-8, um oncogene relacionado com o crescimento, e a proteína quimioatraente de monócitos-1 (MCP1), um quimioatraente conhecido para eosinófilos e eosinófilos.
infiltração de monócitos/macrófagos (77).

A leptina nas células dendríticas aumenta a expressão de citocinas como a IL-6 e o TNF-a e reduz as taxas de apoptose. Nas células polimorfonucleares, a leptina induz a quimioatracção e a produção de espécies reactivas de oxigénio (ROS) através de mecanismos que podem incluir a interação com monócitos (78). Por último, a leptina contribui para o desenvolvimento, a diferenciação, a ativação, a proliferação e a citotoxicidade das células NK (78).

Verificou-se que a leptina estimula a proliferação de células T e a produção de citocinas Th1 durante o jejum em ratinhos normais e ob/ob, confirmando uma ligação importante entre a dieta e o sistema imunitário. A redução da ingestão calórica nos seres humanos conduz à imunossupressão, enquanto a hipoleptinémia aguda induzida pela desnutrição está associada a uma redução do desenvolvimento das células B na medula óssea e a uma redução da população de células T com atrofia do timo e a uma diminuição das respostas de hipersensibilidade de tipo retardado. Estes efeitos são mais pronunciados nos pacientes cronicamente expostos à hipoleptinemia e podem ser corrigidos com leptina exógena (79). Chain et al. observaram que as mulheres que sofrem de amenorreia hipotalâmica, provocada por uma restrição calórica crónica (exercício intenso, dieta rigorosa, baixo peso corporal), sofrem de hipoleptinemia crónica e de níveis baixos de receptores solúveis de TNF-a que são normalizados por um tratamento com r-metHuLeptin (metionil leptina humana recombinante) (80).

A leptina mantém o parênquima do timo graças aos seus efeitos anti-apoptóticos diretos sobre as células T, estimulando a expressão da IL-7, o fator de crescimento dos timócitos (59,60). A leptina influencia igualmente a ativação dos linfócitos T. Os doentes com deficiência de leptina têm níveis de colesterol mais elevados do que os outros doentes. Os doentes com deficiência de leptina têm uma frequência aumentada de infecções e anomalias no número e na função dos linfócitos T (81). No entanto, a leptina só pode induzir a proliferação e a ativação de linfócitos maduros no sangue periférico dos indivíduos se for administrada ao mesmo tempo que outros imunoestimulantes gerais, como a conconavalina A (ConA) ou a fitohemaglutinina (PHA) (60). Os efeitos da leptina na estimulação da proliferação dos linfócitos são específicos para diferentes subpopulações destas células. Por exemplo, a leptina inibe a proliferação das células T de memória (CD4+CD45RO +), mas estimula a proliferação das células T naive (CD4+CD45RA+). Isto significa que a leptina polariza a produção de citocinas Th0 mais para um fenótipo pró-inflamatório (Th1, TNF-a, IFN-y, IL2 e IL-12, como a própria leptina) do que para um fenótipo anti-inflamatório (Th2, IL-4, IL-10) (62).

Pensa-se que a leptina actua diretamente sobre os linfócitos T circulantes quando coestimulada, uma vez que este efeito foi observado mesmo na ausência de monócitos (62). Ao atuar sobre a subpopulação de células Th1, a leptina induz a produção de TNF-a e IFN-y, mas gera simultaneamente efeitos inibitórios sobre as células Th2 (82). Além disso, a leptina tem a capacidade de reduzir as células T reguladoras CD4+ e CD25+ humanas, que representam a pequena subpopulação de células CD4+ que controlam a tolerância imunológica periférica e previnem respostas imunitárias inadequadas, como as alergias e as doenças auto-imunes. É amplamente aceite que as células T reguladoras afectam a atividade das células do sistema imunitário inato e modulam as respostas das células T efectoras. Em modelos animais de deficiência crónica de leptina e RPL, a percentagem, o número absoluto e a atividade das células T reguladoras aumentam, conduzindo à resistência a doenças auto-imunes. Para além dos efeitos sobre as células T CD4+, a aplicação de leptina pode estimular a proliferação de células B, linfócitos NKT e células T CD8+ e aumentar a resposta das citocinas. As interações entre a leptina e as citocinas são bidireccionais e mutuamente estimulantes (60). Os múltiplos efeitos da leptina na imunidade inata e adquirida sugerem que a imunomodulação da leptina pode ter potencial terapêutico numa série de doenças (62).

A prevalência generalizada da obesidade e o facto alarmante de que, em todo o mundo, cerca de 7 milhões de pessoas morrem todos os anos de doenças malignas levaram a uma investigação extraordinária na última década sobre o papel da leptina na carcinogénese.

O efeito da leptina na regulação do metabolismo energético é amplamente conhecido, mas o seu papel está a tornar-se mais complexo após o aparecimento de informações sobre a expressão do recetor da leptina em muitos tumores histogenéticos diferentes. Há vários relatos de que a leptina tem um efeito estimulante na proliferação de células tumorais malignas de diferentes locais, incluindo o carcinoma do esófago, do estômago, do pulmão, da mama, da próstata, do cólon, do endométrio, do rim, da tiroide, da laringe, etc. (18,36,38,83-88). Também se observou que os carcinomas do cólon, do endométrio, da mama, da vesícula biliar e da próstata são mais comuns do que os tumores de outros locais associados à obesidade (89,90,91,92). As pessoas obesas têm 1,5 a 3,5 vezes mais probabilidades de desenvolver estes tumores do que as pessoas saudáveis, e estima-se que 15-45% das mortes na Europa são atribuídas às consequências da obesidade (93). Numerosos estudos demonstraram que o cancro da mama é mais frequente nas pessoas obesas (84,85,89,90), e pensa-se que este fenómeno pode estar ligado a um certo número de substâncias biologicamente activas segregadas no tecido adiposo, como os esteróides sexuais, a insulina, o fator de crescimento semelhante à insulina e a leptina (16,93).

No que diz respeito às substâncias biologicamente activas, Koda et al. relataram uma correlação positiva entre a expressão da leptina, os receptores da leptina e o fator 1a induzido pela hipóxia (HIF-1a) no carcinoma colorectal e endometrial (91, 92). O HIF-1a é um indicador de hipoxia tecidular no tecido tumoral e estimula a progressão do tumor com base na indução de uma série de reguladores da homeostase, diferentes factores de crescimento e respectivos receptores (94). Estudos anteriores demonstraram que a hipóxia induz a regulação positiva da leptina através da estimulação do *elemento de resposta à hipóxia* (HRE) (95).

A. Carcinoma colorrectal

A Agência Internacional de Investigação sobre o Cancro (IARC) classificou o cancro colorrectal como uma das três neoplasias malignas mais comuns na oncologia humana (96). O cancro colorrectal representa 9,5 % de todos os cancros nos homens e 8,3 % nas mulheres (97), e o facto alarmante é que as taxas de incidência e de mortalidade nas últimas três décadas têm vindo a aumentar de forma constante a uma taxa de crescimento média anual de cerca de 3 %, ou seja, mais de 400 000 novos casos por ano, enquanto em 2012 morreram 693 900 pessoas devido ao cancro colorrectal em . Observou-se um aumento acentuado da incidência nos países em transição e na Austrália/Nova Zelândia, Europa e América do Norte (98).

Numerosos estudos epidemiológicos, genéticos e experimentais sugerem que a interação entre os genes e o ambiente é responsável pelo desenvolvimento do cancro colorrectal. Os factores de risco são tradicionalmente divididos em factores invariáveis e variáveis, ou evitáveis. Os factores de risco invariáveis incluem a idade, uma história clínica pessoal positiva, a presença de pólipos, doenças inflamatórias, doenças malignas e síndromes hereditárias (99,100). Os factores de risco variáveis incluem a alimentação, a obesidade, a inatividade física, o consumo de álcool e de cigarros, etc. (101,102).

O soro das pessoas obesas caracteriza-se por níveis elevados de leptina, que se considera refletir a quantidade de energia armazenada no tecido adiposo. A leptina sérica é diretamente proporcional à quantidade de depósitos de gordura, ou seja, aumenta com a obesidade e diminui com a redução de peso. Verificou-se que, quando se trata de aumentar o número e o tamanho dos adipócitos, o gene LEP (Ob) começa por produzir leptina, que é segregada na circulação. Tutino et al. demonstraram que níveis elevados de leptina no soro representam um fator de risco independente para o desenvolvimento do cancro colorrectal (29).

O recetor da leptina está presente no citoplasma e na membrana celular das células tumorais. Os dados sobre a expressão do recetor da leptina no cancro colorrectal são bastante heterogéneos, mas, resumindo os relatórios da literatura, aproximadamente 76,5-95,5% dos cancros colorrectais expressam receptores da leptina (91,103,104,105). Numa investigação recentemente publicada sobre amostras de biópsia de 75 doentes tratados cirurgicamente por cancro colorrectal, encontrámos uma expressão microgranular dos receptores da leptina no tecido do carcinoma colorrectal em 77,3% dos casos. Na maioria dos casos (44% dos casos), o recetor da leptina apresentava uma expressão moderada (Fig.1), enquanto a expressão pronunciada do LEPR (Fig.2) (>50% de células LEPR+ por unidade de área) foi observada num terço dos casos (33,3%) (Fig.3). Além disso, este estudo mostrou uma associação significativa entre a expressão do recetor da leptina e o índice de proliferação (proIDX) das células malignas no tecido do cancro colorrectal, em que o índice de proliferação elevado (Fig.4, Fig.5), em 92% dos casos significativos, se correlacionava com a expressão elevada do recetor da leptina (> 50 células LEPR +

por unidade de área). Na maioria dos doentes (63,6%) com expressão moderada do recetor da leptina (10-50% de células LEPR +), verificámos um baixo índice de proliferação (Fig.6). Também demonstrámos que a expressão de LEPR, com um coeficiente de correlação positivo significativo e elevado, está associada ao índice proliferativo (coeficiente de correlação de Spearman, r = 0,63) (103). A correlação positiva e altamente significativa do LEPR com a atividade proliferativa das células cancerosas do cólon também foi demonstrada por outros autores (104,10,106,107).

Vários estudos mostraram que o tratamento de linhas celulares de cancro colorrectal previne a apoptose destas células tumorais e induz uma proliferação dependente da dose (86,105). Beales Ogunwobi(108) também observou os efeitos anti-apoptóticos e pró-proliferativos da leptina nas células cancerosas do cólon, e mostrou que a leptina estimula a fosforilação e a ativação da proteína STAT3 de uma forma dependente de JAK2. A proteína STAT3 activada está envolvida na proliferação, na inibição da apoptose e na transformação celular (108,109,110). A inibição da atividade de JAK2 pelo seu inibidor químico AG490 interrompe a ativação da proteína STAT3 mediada pela leptina e os seus efeitos anti-apoptóticos em linhas celulares de cancro colorrectal (106). Os resultados de Abubaker et al (111), que confirmaram que a inibição da atividade da JAK2 interrompe a ativação da via de sinalização STAT3, também apoiam este ponto de vista. Foi igualmente demonstrado que a ativação de JAK2 induzida pela leptina também ativa a via de sinalização PI3K/AKT, que é conhecida por regular os processos celulares, incluindo a proliferação, o crescimento e a motilidade das células (104,112,113).

Em culturas de células de cancro do cólon, foi demonstrado que a leptina estimula a proliferação através da via de sinalização P42/44 MAPK e induz a invasividade através da via de sinalização JAK/P13K. (36) A leptina estimula a via de sinalização JAK-STAT através do seu recetor de isoforma longa (Ob-Rb) (114). Quando a leptina se liga ao seu recetor de isoforma longa (Ob-Rb) utilizado para a transmissão de sinais, a oligomerização das cadeias do recetor leva à ativação das tirosina-quinases Janus (JAK). As JAK activadas, por sua vez, fosforilam os transdutores de sinal e os activadores da transcrição (STAT). As proteínas STAT fosforiladas formam dímeros, levando à translocação nuclear e à estimulação da transcrição. Isto leva à regulação ou entrada de genes, que desempenham um papel importante no crescimento e migração celulares (85,115,116).

Ao examinar a angiogénese no cancro colorrectal, observámos uma correlação altamente significativa entre a densidade da microcirculação, expressa por um índice de angiogénese (mvdIDX), e a expressão dos receptores de leptina.

Observámos que um índice de neoangiogénese elevado (Fig.7) se correlacionava com uma expressão acentuada do recetor da leptina (> 50% de células LEPR +) em 92% dos casos de cancro colorrectal. Ao mesmo tempo, um índice de neoangiogénese baixo correlacionava-se com a ausência de expressão do recetor da leptina (<10% de células LEPR +), mesmo em 88,2% dos casos. Relativamente à expressão moderada do recetor da leptina, verificou-se no nosso estudo uma representação mais frequente (66,7%) de um baixo índice de neoangiogénese (Fig.8). A expressão do LEPR esteve associada a um coeficiente de correlação significativo e altamente positivo com o índice de neoangiogénese (mvdIDX) (coeficiente de correlação de Spearman, r = 0,66). Estes resultados estão de acordo com o número de estudos que salientam que a leptina participa na propagação tumoral e na estimulação da angiogénese como o VEGF (24,36,85,117,118). A leptina promove a motilidade celular e a angiogénese, que é necessária para a invasão tumoral e metástases (118,119,120), o que é confirmado por numerosos relatórios que mostram que a expressão de LEPR está significativamente correlacionada com a invasão linfática, venosa e perineural, e está também associada a metástases linfonodais e distantes (92,105,121). O aumento significativo da expressão do LEPR em doentes com cancro colorrectal metastático indica que a atividade do LEPR é um indicador importante de metástases no tecido do cólon e que a expressão do recetor da leptina pode ser um parâmetro de diagnóstico valioso (36,85,108,117).

Para além da proliferação descontrolada de células malignas e da neoangiogénese durante a carcinogénese do cólon, ocorrem também alterações quantitativas e qualitativas nas mucinas epiteliais, que representam uma barreira molecular selectiva na superfície do epitélio. As mucinas epiteliais protegem a superfície celular e participam na transdução morfogenética das células (122). Com base nas suas caraterísticas histoquímicas, as mucinas dividem-se em fucomucinas neutras, sialomucinas ligeiramente ácidas e sulfomucinas muito ácidas (123). (123) No epitélio escamoso do cólon saudável, a secreção de sulfomucinas muito ácidas é dominante, enquanto as sialomucinas e as fucomucinas estão presentes em quantidades vestigiais (124). Na carcinogénese colorrectal, desenvolvem-se alterações das mucinas, que se manifestam principalmente por uma secreção hiper e moderada de sialomucinas ligeiramente ácidas e uma redução significativa das sulfomucinas altamente ácidas (124,125,126). Esta "redistribuição da mucina" sugere que, em simultâneo com a desdiferenciação morfológica, ocorre também a desdiferenciação funcional do tecido tumoral, e os relatos de hipersecreção de sialomucina na "sequência adenoma-carcinoma" em seres humanos e no foco de cripta aberrante (ACF) em ratos (127)

indicam que a secreção aberrante de mucina representa um evento precoce na carcinogénese colorrectal. Estes
 as alterações na expressão da mucina afectam o crescimento e a diferenciação celular, transformação, adesão, invasão e controlo imunológico (128,123,129).

Existem poucos dados na literatura sobre a correlação entre a leptina e a insulina. Num estudo recente, utilizando biópsias cirúrgicas de doentes com cancro colorrectal, demonstrámos que a secreção de sialomucinas tem uma tendência crescente com a expressão do recetor da leptina, tanto no tecido não tumoral como no tecido do cancro colorrectal, mas no caso do cancro colorrectal é de maior intensidade. Assim, a hipersecreção de sialomucinas (Fig. 9) com uma incidência significativamente mais elevada (em 84% dos casos) (Fig. 10) existe no caso de uma expressão acentuada de LEPR. O aumento da expressão de LEPR está associado à hipersecreção de sialomucinas com um coeficiente de correlação positivo altamente significativo (r = 0,59, p <0,001). Ao mesmo tempo, o aumento da expressão de LEPR reduziu a expressão de sulfomucinas. Consequentemente, no caso de uma expressão acentuada de LEPR, ocorre uma secreção completa de sulfomucinas altamente ácidas, o que acontece num número significativamente elevado de casos (60%) de cancro colorrectal (Fig.11). A expressão de LEPR está associada a um coeficiente de correlação negativo, mas estatisticamente significativo, com a secreção de mucinas altamente ácidas (r = -0,27, p <0,05) (130). Pensa-se que o aumento da secreção e hipersecreção de sialomucinas reduz a adesividade entre as células malignas, facilitando assim a metástase precoce (129). Por outro lado, a hipossecreção e/ou não secreção de sulfomucina no cancro colorrectal também afecta a alteração da barreira mucosa, uma vez que as sulfomucinas no cólon servem principalmente como lubrificantes (131). O modo como a leptina exerce os seus efeitos secretagógicos ainda não foi determinado com certeza, mas a literatura relata opiniões de que o recetor funcional da leptina actua através da ativação das vias de sinalização PKC, PI3K e MAPK (48,132).

Numerosos estudos demonstraram uma correlação positiva significativa entre a expressão do recetor da leptina e o grau de diferenciação histológica do cancro colorrectal (104,117,119). No entanto, é interessante notar que Koda et al. verificaram níveis de expressão do LEPR significativamente mais elevados em cancros colorrectais moderadamente diferenciados do que em tipos de tumores pouco diferenciados ou indiferenciados, enquanto Uddin et al. encontraram níveis de expressão significativamente mais elevados em tumores bem diferenciados. Os autores referem que a expressão acentuada do recetor da leptina em tumores bem diferenciados sugere um possível papel da leptina no processo de desdiferenciação tumoral (91, 105). O grau de diferenciação histológica é independente do estádio do tumor e baseia-se no número de mitoses no tumor e no grau de semelhança do tecido tumoral com o tecido estaminal a partir do qual o tumor teve origem (96, 133). A heterogeneidade dos resultados relativos à relação entre a expressão do recetor da leptina e a diferenciação histológica do tumor poderia ser explicada pelo número insuficiente de casos de cancros colorrectais bem diferenciados e pouco diferenciados, o que representa um fator limitativo para a análise estatística comparativa. Esta hipótese é apoiada pela observação de Fleming et al. de que mais de 70% dos cancros colorrectais são classificados como moderadamente diferenciados, enquanto os tipos bem e mal diferenciados são encontrados em 10-20% dos tumores (134).

Para além da ligação entre a leptina e os parâmetros histológicos da malignidade, muitos relatórios indicam uma associação significativa da expressão de LEPR com o estádio do tumor, de acordo com o sistema de classificação TNM (91, 104).

Na literatura, não existe uma opinião consistente sobre a relação mútua entre a expressão do recetor da leptina e a localização do carcinoma colorrectal e o subtipo de tumor macroscópico. Koda et al. mostraram uma associação significativa entre a expressão de LEPR e a localização rectal do cancro colorrectal (91), mas deve ser recordado que o reto é a localização mais comum do cancro colorrectal (91,96,135,136). Na maioria dos estudos, independentemente do elevado nível de expressão de LEPR verificado, a associação da expressão de LEPR com a localização do cancro colorrectal e o tipo macroscópico não foi identificada no tumor (104,105,107,119).

Não existe uma opinião consistente na literatura relativamente à associação da expressão do LEPR com os dados demográficos dos doentes (sexo e idade). Embora Koda et al. tenham verificado a correlação estatisticamente significativa entre a expressão de LEPR em mulheres e em inquiridos com idade superior a 60 anos (92), a maioria dos investigadores não verificou a associação da expressão da leptina e do recetor da leptina com parâmetros demográficos do cancro colorrectal (104,105).

B. Carcinoma do endométrio

O cancro do endométrio é o tumor maligno mais comum do sistema reprodutor feminino. Estima-se que sejam diagnosticados 287 100 novos casos por ano em todo o mundo (137). A taxa de incidência do cancro do endométrio aumenta com a idade, sendo que 75% dos casos ocorrem em mulheres após a menopausa. Está geralmente associado à obesidade, nuliparidade, anovulação, diabetes e hipertensão (138).

Desde o início dos anos setenta do século passado, numerosos estudos mostraram que a obesidade está associada à carcinogénese endometrial, mas o mecanismo pelo qual a obesidade actua como promotor da carcinogénese ainda é desconhecido (139, 140). Nos últimos anos, os relatórios publicados indicam que a distribuição da gordura representa um fator de risco adicional para o cancro do endométrio. Existem dois tipos de distribuição de gordura: central e periférica. Ao contrário da obesidade periférica, em que os depósitos de gordura estão localizados nas partes inferiores do corpo, na obesidade central os depósitos de gordura estão localizados nas partes superiores do corpo. A obesidade de distribuição central está associada a numerosos riscos para a saúde. Este tipo de obesidade está sempre associado a uma redução da glicoproteína que liga as hormonas esteróides (SHBG - *globulina de ligação às hormonas sexuais)*, *a* um aumento dos níveis de estrogénio circulante, a um aumento da insulina e do fator de crescimento semelhante à insulina 1 (IGF-1). Sabe-se que o IGF-1 estimula a proliferação de uma vasta gama de tipos de células, incluindo as células endometriais (142,143).

Pensa-se que o aumento do tecido adiposo leva a alterações nos níveis endógenos de esteróides sexuais . Nas mulheres jovens, os ovários são a principal fonte de estrogénios, enquanto o papel do tecido adiposo na alteração dos níveis séricos de estradiol é negligenciável. Nas mulheres obesas pós-menopáusicas, verifica-se um aumento dos níveis de estrogénios gerado pela aromatização periférica dos androgénios no tecido adiposo. Além disso, nas mulheres obesas, independentemente do seu estado menopáusico, a concentração de SHBG é reduzida, resultando em níveis elevados de hormonas biodisponíveis (144).

Para além da produção de estrogénios nos adipócitos, que é um fator importante na carcinogénese do endométrio, na última década tem havido cada vez mais provas de que a leptina pode estar ligada ao cancro do endométrio e à obesidade (92,140,145).

No endométrio saudável, durante o ciclo menstrual, a isoforma longa do LEPR é expressa. Esta isoforma é fracamente expressa no início da fase proliferativa, mas aumenta durante a fase proliferativa para atingir a sua expressão mais intensa no início da fase secretora, diminuindo depois durante a menstruação (92).

Petridou et al, no seu "Case Control Study", encontraram uma forte associação positiva entre os níveis séricos de leptina e o cancro do endométrio (146). Mais de uma década mais tarde, Wang et al, numa meta-análise que incluía seis estudos com um total de 3 136 participantes, mostraram que níveis elevados de leptina são um fator de risco independente e confirmaram simultaneamente a sua associação positiva com o cancro do endométrio (147). Estes factos são também apoiados por relatórios sobre a expressão de isoformas longas e curtas do recetor da leptina nas células tumorais do cancro do endométrio (92,140). Kitawaki et al. encontraram a expressão de uma isoforma longa predominante do recetor da leptina em 84% dos casos de cancro do endométrio (148), enquanto Koda et al. verificaram a expressão do recetor da leptina em 56,7% dos carcinomas analisados (92). Lopez-Mendez et al. encontraram a expressão do LEPR em 55% dos cancros analisados (149). A discrepância na representação da expressão do LEPR no carcinoma do endométrio pode ser explicada pelo facto de os diferentes estudos terem utilizado métodos imuno-histoquímicos de sensibilidade diferente.

Vários autores observaram que a expressão da isoforma curta do LEPR nas células tumorais diminui aquando da entrada na fase S da divisão celular. Paralelamente, verificou-se que uma diminuição da expressão da isoforma curta está geralmente presente nos cancros do endométrio pouco diferenciados (148, 150).

No carcinoma do endométrio, a expressão do recetor da leptina correlaciona-se positivamente com a obesidade, a expressão do recetor dos estrogénios, a invasão dos nódulos linfáticos e um pior prognóstico, e inversamente com a classificação histológica dos tumores.
(151) . Após uma análise correlativa da expressão de LEPR no carcinoma do endométrio, Koda et al. não encontraram uma correlação estatisticamente significativa entre a expressão de LEPR e a classificação histológica dos tumores, ou seja, o grau de diferenciação do cancro do endométrio (92).

A correlação positiva entre a leptina, a expressão do recetor da leptina e o HIF-1 (Hypoxia-Inducible Fator), observada no tecido tumoral endometrial, sugere o envolvimento da hipóxia tecidular no processo de estimulação da expressão da leptina e do LEPR (92,95). Sabe-se que os tumores HIF-1 positivos podem ser resistentes à quimioterapia e à radioterapia devido à aceleração da transcrição, que se opõe ao processo de apoptose, favorecendo assim a sobrevivência das células tumorais.
(152) .

Com base na rápida estimulação das vias de sinalização JAK/STAT e ERK e AKT, a leptina gera o seu efeito pró-proliferativo nas células cancerosas do endométrio, activando duas vias-chave de transdução de sinal associadas ao crescimento e à proliferação celular. A inibição destas duas vias por inibidores químicos específicos não só impede a fosforização dos sinais de transdução correspondentes, como também bloqueia diretamente a proliferação das células cancerosas do endométrio. Além disso, a prevenção da ativação JAK/STAT induzida pela leptina por inibidores químicos específicos reduz significativamente a ativação das vias de sinalização ERK e AKT. Foi demonstrado que a leptina pode desencadear a invasão do endométrio por células cancerosas através da ativação das vias de sinalização PI3K e JAK/STAT. A inibição farmacológica destas vias reduz a invasão induzida pela leptina (85).

C. Cancro da mama

O cancro da mama é o tumor maligno mais comum e a principal causa de morte nas mulheres. Em 2012, estima-se que 521 900 mulheres morreram de cancro da mama em todo o mundo, mas a morbilidade e a mortalidade variam em função das caraterísticas geográficas e étnicas (98). Embora a incidência do cancro da mama tenha aumentado consideravelmente nas últimas décadas, o prognóstico da doença melhorou consideravelmente, graças, em parte, a um diagnóstico mais precoce e, em parte, a uma gama mais vasta de tratamentos.

Existem inúmeras provas na literatura e na prática que sugerem que as hormonas sexuais (estrogénios, progesterona, androgénios) desempenham um papel importante no desenvolvimento do cancro da mama. Há muito que está demonstrado que o risco de cancro da mama depende diretamente da exposição do tecido mamário às hormonas estrogénicas. Em cultura de tecidos, foi demonstrado que os estrogénios têm efeitos pró-proliferativos e anti-apoptóticos nas células do cancro da mama (153).

A ligação entre a obesidade e o cancro da mama é conhecida há muito tempo, mas é menos conhecido que existe uma diferença significativa no impacto da obesidade na carcinogénese da mama em mulheres na pré-menopausa e na pós-menopausa (154, 155, 156, 157). Numerosos estudos demonstraram uma correlação inversa significativa entre os níveis séricos de leptina e o risco de incidência de cancro da mama em mulheres na pré-menopausa (156, 157). Nas mulheres obesas pós-menopáusicas, o tecido adiposo é o único local de produção de estrogénios a partir do esteroide C19 androstenediona (gerado pelo colesterol), sob a influência da enzima conhecida como aromatase. Como as mulheres obesas estão sujeitas a uma maior atividade da aromatase, a produção de androstenediona aumenta, levando a um aumento da quantidade total de estrogénios. A hormona estrona extraída do tecido adiposo é transformada, por conversão periférica, em estradiol, o estrogénio biologicamente mais potente (até 80 vezes mais potente que o estriol).

Alguns estudos incluíram níveis elevados de insulina na lista de factores patogénicos importantes para o desenvolvimento do cancro da mama em mulheres obesas. Para além de regular o metabolismo dos hidratos de carbono, das gorduras e das proteínas, a insulina actua também como fator de crescimento, estimulando a proliferação e a migração celular e inibindo a apoptose. Pensa-se que estes efeitos são ainda mais profundos em casos de aumento da resistência à insulina. Os efeitos metabólicos da insulina são mediados pela via de sinalização da fosfatidilinositol 3-quinase (PI3K) e os efeitos mitogénicos são mediados pela ativação das vias de sinalização da Ras e da proteína quinase activada pelo agente patogénico (MAPK) (158). Gillespie et al. observaram que a diabetes nas mulheres na pré-menopausa está associada a um risco acrescido de cancro da mama "triplo negativo", ou seja, um subtipo de cancro com ER, PR e Her2 negativos, que tem um fenótipo metastático agressivo e um mau prognóstico (159).

Tendo em conta o facto de a leptina circulante representar um fator-chave na regulação do metabolismo das gorduras, bem como a observação de que os níveis séricos de leptina estão significativamente elevados nas doentes com cancro da mama em comparação com o grupo de controlo, a literatura da última década sublinhou a importância da leptina na génese do cancro da mama (84,160). Embora a literatura tenha documentado bem a correlação entre o cancro da mama, a obesidade e os marcadores da síndrome metabólica (leptina, insulina, IGF1), é essencial esclarecer os mecanismos que estão no centro dos "cancros induzidos pela obesidade". Por exemplo, sabemos que os doentes obesos com cancro da mama têm níveis elevados de estrogénios, que estimulam o crescimento dos tumores, mas nem todos os cancros da mama respondem aos estrogénios. Além disso, os níveis de estrogénio não estão associados ao cancro da mama em mulheres na pré-menopausa, o que sugere que a obesidade também afecta o cancro da mama através de outros mecanismos (161). Recentemente, Battle et al. propuseram a hipótese de que a leptina pode contribuir para o desenvolvimento do cancro da mama através da ativação da via de sinalização Notch, colocando a hipótese de que os níveis de leptina experimentados por indivíduos obesos podem induzir a expressão de Notch e promover o crescimento do cancro da mama. A via de sinalização Notch é importante para a comunicação intercelular e participa em vários mecanismos de regulação que controlam múltiplos processos celulares (162). A expressão de Notch está associada à angiogénese, proliferação, diferenciação, apoptose, fenótipo agressivo e mau prognóstico no cancro da mama (163). A leptina pode induzir a expressão e a ativação de Notch em linhas celulares de cancro da mama. Além disso, a leptina está associada ao carcinoma da glândula mamária do rato induzido por dimetilbenzantraceno (DMBA) (164,165).

Wang et al. descobriram que a leptina aumentava significativamente a expressão de IL-8 e induzia a transição epitelial-mesenquimal (EMT) em células de cancro da mama. Mostraram também que os cancros da mama com metástases nos gânglios linfáticos se caracterizavam por um nível mais elevado de expressão de LEP, LEPR e IL-8 e por uma EMT mais expressiva do que os cancros da mama sem metástases. Os mesmos autores salientam que a EMT induzida pela leptina no cancro da mama requer a ativação da IL-8 pela via de sinalização PI3K-AKT (166).

A expressão de LEPR é identificada em células tumorais de carcinoma da mama e em linhas de células epiteliais da mama saudáveis. A isoforma longa LEPRb foi encontrada tanto em linhas celulares epiteliais saudáveis como no cancro da mama (167, 168). Ishikawa et al. verificaram que a LEP e a LEPR estavam significativamente expressas no carcinoma primário da mama com metástases nos gânglios linfáticos, em comparação com o epitélio mamário não tumoral. Encontraram a expressão da isoforma longa LEPRb em 83% dos casos de carcinoma ductal invasivo. O nível de expressão de LEP/LEPR correlacionou-se positivamente com o tamanho do tumor e o estádio TNM, e significativamente com metástases à distância (169).

Em cultura de tecidos, foi demonstrado que a leptina tem efeitos anti-apoptóticos e estimula a proliferação apenas de células cancerígenas (167, 170), mas não a proliferação de células saudáveis do tecido mamário (171).

A leptina apoia a componente angiogénica do desenvolvimento tumoral e, tal como a insulina, estimula a proliferação das células endoteliais capilares (172). A leptina estimula a atividade da enzima aromatase, importante para a produção de estrogénios, e a atividade das enzimas proteolíticas, essenciais no processo de metastização. A leptina exerce os seus efeitos através da ativação das vias de sinalização MAPK e PI3K/AKT (173). A leptina pode ativar as vias de sinalização STAT3, ERK e AP1. Níveis elevados de leptina promovem a fosforização de ERK, mas não demonstraram aumentar a produção de VEGF em linhas celulares de tecido mamário. (168, 170).

Estudos epidemiológicos demonstraram que o cancro da mama é mais agressivo nas mulheres obesas e tem um pior prognóstico. (174, 175).

Os anti-estrogénios e os inibidores da aromatase são as terapêuticas de eleição no tratamento do cancro da mama. É importante notar que os anti-estrogénios disponíveis no mercado - tamoxifeno e toremifeno - aumentam os níveis séricos de leptina em doentes pós-menopáusicas com cancro da mama (158, 176). Estudos publicados recentemente prevêem a possibilidade de utilizar antagonistas dos receptores da leptina no tratamento terapêutico do cancro da mama (177, 178).

D. Carcinoma da próstata

O cancro da próstata é a segunda neoplasia maligna mais frequentemente diagnosticada nos homens, com 1,1 milhões de doentes em 2012. A maior incidência de cancro da próstata verifica-se na Austrália/Nova Zelândia, na América do Norte, na Europa do Norte e Ocidental e a menor na Ásia (98).

Os factores de risco identificados para o cancro da próstata incluem a idade avançada, a história familiar, a raça e a etnia, a localização geográfica e as hormonas androgénicas, enquanto nas últimas décadas a obesidade se tornou o foco de interesse da investigação (179). A ligação entre a obesidade e o cancro da próstata tem sido tradicionalmente explicada por mecanismos conhecidos que envolvem níveis elevados de estrogénio, insulina e fator de crescimento semelhante à insulina-1 (180). Algumas publicações sugerem que, em indivíduos obesos, numerosas citocinas pró-inflamatórias como a leptina, a interleucina-6 (IL-6) e o VEGF têm um impacto no desenvolvimento e na progressão do cancro da próstata. Estas citocinas geram efeitos mitogénicos e angiogénicos através de diferentes vias de sinalização (181,182).

Muitos estudos clínicos e *in vitro* que investigaram a associação entre o cancro da próstata e a obesidade centraram-se principalmente na análise comparativa dos níveis séricos e/ou da expressão de SLE/LEPR no tecido hiperplásico, no cancro da próstata e no tecido saudável da próstata. Foi observado que os níveis de expressão da leptina são significativamente mais elevados no cancro do que no tecido hiperplásico alterado da próstata, e foi salientado que existe uma diferença significativa na expressão da leptina entre o cancro da próstata bem diferenciado e o pouco diferenciado (183,184, 185). Ao mesmo tempo, a expressão da leptina é significativamente mais elevada no cancro da próstata localmente avançado e metastático do que nos tumores localizados (183, 184). Em consonância com a expressão da leptina nos tecidos do cancro da próstata, Singh et al. demonstraram que o cancro da próstata está associado a níveis elevados de leptina no soro, independentemente da obesidade e do PSA sérico (185). Outros estudos descobriram que os níveis elevados de leptina no soro estão associados ao tamanho do tumor, às metástases regionais e à distância e ao aumento da mortalidade (186,187,188,189).

Por outro lado, Osorio et al. registaram recentemente uma redução significativa dos tumores LEPR com margem cirúrgica positiva, por invasão da uretra e das vesículas seminais. Estes pontos de vista contraditórios podem resultar da aplicação de métodos diferentes para a deteção de receptores nos tecidos ou da utilização de um método semi-quantitativo para a análise da expressão dos receptores (190).

Vários estudos in vitro mostraram que a leptina exerce vários efeitos nas células de cancro da próstata resistentes aos androgénios/independentes e sensíveis aos androgénios/independentes em linhas celulares (191,192,193, 194). A ligação da leptina ao recetor da leptina na superfície celular induz uma transmissão de sinais que difere em função da sensibilidade aos androgénios das células cancerosas da próstata, resultando numa variedade de capacidades proliferativas, migratórias e invasivas entre as células cancerosas da próstata resistentes e sensíveis aos androgénios (194).

Uma vez que o tecido adiposo está envolvido no metabolismo dos androgénios, que se sabe afectarem o crescimento das células da próstata, os modelos experimentais utilizam geralmente linhas celulares de cancro da próstata resistentes/independentes aos androgénios (195).

Foi demonstrado que a leptina inibe a apoptose e induz a proliferação em células de cancro da próstata resistentes/independentes aos androgénios (linhas celulares DU145 e PC3) através da ativação das vias de sinalização PI3K e MAPK. A resposta à leptina é mediada pela ativação da isoforma curta do recetor da leptina LEPRa (83,196). Foi também observado que a leptina gera uma fosforilação ERK1/2 dependente da dose em linhas celulares resistentes aos androgénios (191). Noutros relatórios, é salientado que a leptina expressou efeitos pró-proliferativos apenas em células tumorais independentes/resistentes aos androgénios das linhas celulares DU145 e PC-3, mas não em células tumorais dependentes/sensíveis aos androgénios da LNCaP-FCG (9,191,193). Onuma et al. também demonstraram um aumento da proliferação de células resistentes aos androgénios sob a influência da leptina, mas observaram que outras citocinas sintetizadas nos adipócitos, como a interleucina-6 e o fator de crescimento semelhante à insulina-1, têm efeitos sinérgicos com a leptina e estimulam a proliferação de células da próstata resistentes aos androgénios. Face ao exposto, os autores concluíram que as citocinas do tecido adiposo representam mediadores-chave entre a obesidade e o cancro da próstata resistente às hormonas, pelo que acreditam que podem ser utilizadas como alvos terapêuticos (193).

A leptina estimula a migração e a invasão do cancro da próstata nas linhas celulares DU145 e PC-3 (resistente/independente de androgénios). Nestas mesmas linhas celulares independentes dos androgénios, a leptina induz significativamente a expressão do fator de crescimento endotelial vascular (VEGF), do fator de crescimento transformador beta 1 (TGF-beta 1) e do fator de crescimento básico dos fibroblastos (bFGF) (83). Pensa-se que os efeitos mitogénicos da leptina nas células cancerosas, combinados com o aumento da migração e da expressão dos factores de crescimento, contribuem para a progressão do cancro da próstata. Consequentemente, a obesidade associada a níveis elevados de leptina deve ser considerada um fator de risco em doentes com cancro da próstata (6, 83). Deo et al. apresentaram observações totalmente contraditórias, concluindo que a leptina reduz significativamente a invasividade e a migração das células resistentes aos androgénios. Ao mesmo tempo, não observaram qualquer alteração da atividade proliferativa das células resistentes aos androgénios, mas observaram um aumento da proliferação das células cancerosas da próstata sensíveis aos androgénios. É de salientar que, ao contrário de outros que utilizaram concentrações elevadas em microgramas, utilizaram concentrações muito baixas em nanogramas de leptina no meio, o que indica que as células tumorais do cancro da próstata são muito sensíveis e que os efeitos da leptina dependem da dose aplicada (194).

Resumindo os relatos na literatura, podemos concluir que a leptina estimula o potencial invasivo das células cancerígenas da próstata, mas que este efeito depende da sensibilidade das células cancerígenas às hormonas androgénicas.

E. Carcinoma hepatocelular

O carcinoma hepatocelular representa 7% de todos os tumores malignos nos homens. Em termos de frequência, ocupa o sexto lugar, com a taxa de incidência mais elevada na Ásia Oriental (China, Coreia, Taiwan e Japão) e na África Ocidental e Central. Em 2012, foram registados 782 500 novos casos de cancro do fígado em todo o mundo, com uma elevada proporção nos países em desenvolvimento (85% de todos os casos) (98). O carcinoma hepatocelular é a terceira principal causa de morte entre todos os tumores malignos e a principal causa de morte em doentes com cirrose hepática (98,107).

Como já foi referido, numerosos estudos clínicos e *in vitro* mostraram que a leptina tem um efeito estimulante na proliferação e migração celular numa série de doenças malignas humanas (36,38,83-88), mas, no que diz respeito ao carcinoma hepatocelular (CHC), os resultados relativos ao papel da leptina na carcinogénese hepática são totalmente contraditórios. Por um lado, existem relatórios que mostram que os níveis séricos de leptina são significativamente mais elevados em doentes com carcinoma hepatocelular do que em controlos saudáveis (198, 199). Por outro lado, estudos imuno-histoquímicos demonstraram que a expressão do LES e do RPL é significativamente mais baixa nos tecidos do CHC do que nos tecidos não tumorais adjacentes (200, 201), mas é preciso lembrar que os efeitos da leptina circulante dependem da sua ligação aos receptores da leptina (202). Tendo em conta o que precede, a expressão moderada ou acentuada de LEPR no tecido não tumoral adjacente está presente em 77,4 - 83,3% dos doentes com carcinoma hepatocelular, e a expressão de LEPR no tecido tumoral foi encontrada em apenas 24,2 - 30,56% dos casos (200, 198, 201).

Vale a pena mencionar as observações de que a expressão de LEPR no tecido tumoral se correlaciona positivamente com a densidade microvascular (MDV), ao passo que se correlaciona inversamente com a invasão vascular. Foi também observado que um nível elevado de expressão de LEPR está significativamente associado a uma melhor sobrevivência global (201, 203).

Os relatos de que a expressão de LEPR não está significativamente associada ao índice de tecido tumoral proliferativo (201) estão de acordo com estudos *in vitro* que ilustram que a leptina não tem efeitos significativos no crescimento de células tumorais em linhas celulares de carcinoma hepatocelular e que inibe a proliferação de células Chang do fígado normal (200). Neste contexto, foi sugerido que a leptina pode estar associada à angiogénese mas não à proliferação celular no carcinoma hepatocelular (198, 203). Os resultados de Thompson et al. apontam na mesma direção: observaram que a leptina, *in vitro,* inibe o crescimento das células tumorais do carcinoma hepatocelular através da via de sinalização p38-MAPK (204).

Não foi observada qualquer correlação entre a expressão da leptina e as caraterísticas clínicas e patológicas convencionais em doentes com carcinoma hepatocelular, tais como o tamanho do tumor, o índice de proliferação e o grau de diferenciação histológica, o estádio do tumor, o sexo e a idade do doente (201, 203).

As afirmações de Chen et al. estão em total desacordo com os resultados acima referidos, uma vez que descobriram que a leptina estimula a progressão do ciclo celular dos hepatócitos através da regulação positiva da ciclina D1 e reduz a morte celular programada através da regulação negativa da Bax pela via de sinalização JAK2-PI3K/Akt-MEK/ERK1/2 (205). Os autores salientam que a leptina, com os seus efeitos anti-apoptóticos e proliferativos, funciona como um fator de crescimento para as células tumorais do carcinoma hepatocelular. Saxena et al. verificaram que a ativação simultânea do eixo JAK/STAT - PI3K/AKT-ERK está diretamente envolvida na proliferação das células do carcinoma hepatocelular induzida pela leptina (115).

A análise dos níveis de leptina em doentes com carcinoma hepatocelular e cirrose hepática e em doentes com carcinoma hepatocelular sem cirrose hepática mostrou que, em ambos os casos, os níveis de leptina são significativamente mais elevados do que em controlos saudáveis, sugerindo que os níveis séricos de leptina em doentes com cirrose hepática podem não estar relacionados com o desenvolvimento de carcinoma hepatocelular (198). Watanabe et al. demonstraram que os doentes com níveis séricos elevados de leptina estão predispostos à recorrência do CHC. Observaram também que a leptina é um poderoso estimulador da fibrose e desempenha um papel fundamental na progressão da cirrose hepática (206).

A heterogeneidade dos resultados relativos à relação entre LEP/LEPR e carcinoma hepatocelular é um imperativo para investigação futura, a fim de definir o papel da leptina na carcinogénese e progressão do carcinoma hepatocelular.

F. Carcinoma gástrico

Apesar do declínio das taxas de mortalidade nas últimas décadas, o cancro do estômago continua a ser o quarto cancro mais frequente, com 951 600 novos doentes registados por ano, e a segunda causa mais frequente (depois do cancro do pulmão) de mortes relacionadas com o cancro, com uma taxa de 738 000 mortes por ano em todo o mundo (98, 207). Segundo a Organização Mundial de Saúde (OMS), mais de 72% dos cancros do estômago ocorrem nos países em desenvolvimento (208). A incidência mais elevada de cancro do estômago verifica-se na população masculina do Nordeste Asiático (Japão, China e Coreia), enquanto a taxa de incidência mais baixa foi registada na América do Norte, em África, na Europa do Norte e Ocidental e no Sul da Ásia. Estas diferenças na incidência do cancro do estômago podem ser explicadas pelos diferentes hábitos alimentares, com um baixo consumo de fruta e legumes frescos e um elevado consumo de alimentos conservados e muito salgados. Os hábitos alimentares são considerados como o fator de risco mais regularmente associado ao cancro gástrico, principalmente porque os alimentos estão em contacto com a mucosa gástrica durante muito tempo (209, 210).

Em experiências recentemente publicadas sobre a obesidade induzida por uma dieta rica em gordura em ratos, simultaneamente com a sobreexpressão da leptina e a ativação do recetor da leptina na mucosa gástrica, foi também identificada gastrite atrófica com metaplasia intestinal, uma lesão pré-cancerosa (211). Isto confirma o papel da leptina e do recetor da leptina na gastrite atrófica induzida pela obesidade, enquanto a observação de que a incidência de gastrite é maior em pacientes obesos contribui para este facto (212).

A presença de leptina na mucosa gástrica também foi descrita em ratos durante o período perinatal. Durante a lactação, o leite materno é o principal fornecedor de leptina, e com a suspensão da lactação e a transição para alimentos sólidos, a produção natural de leptina aumenta. O papel da leptina nos ratos neonatais não é claro, mas presume-se que a leptina gástrica desempenha um papel na regulação do apetite numa altura em que o tecido adiposo ainda está imaturo (213).

As células humanas e de rato que contêm leptina estão posicionadas na metade inferior das glândulas fúndicas, onde se encontram as principais células secretoras de pepsinogénio (214, 215, 216). Um radioimunoensaio determinou que o estômago contém 10,4 ng de leptina/g de mucosa. Sob a influência da pentagastrina e da secretina, verifica-se um aumento da libertação de leptina gástrica no suco gástrico, bem como um aumento dos níveis de leptina circulante (214). A administração de colecistoquinina (CCK) resulta numa queda rápida do conteúdo de leptina no epitélio fúndico, aumentando simultaneamente as concentrações plasmáticas de leptina (214, 216), sugerindo que a leptina pode estar envolvida nos efeitos iniciais mediados pela CCK activados pela ingestão de alimentos.

Os resultados de vários estudos confirmam que a leptina gástrica funciona como um sistema de curto prazo no controlo da nutrição, ou seja, pode estar envolvida no controlo da saciedade a curto prazo (214,215). Konturek et al. demonstraram que a leptina, proveniente do trato gastrointestinal, actua em sinergia com a CCK no hipotálamo no que diz respeito à ingestão de alimentos e actua localmente para proteger a integridade da mucosa do estômago e do pâncreas contra efeitos adversos (217).

Foram encontrados receptores de leptina na membrana basolateral das células epiteliais do fundo e do antro gástricos. Pensa-se que o estômago humano exprime a isoforma longa do recetor da leptina (LEPRb), tendo sido salientado que apenas esta isoforma do recetor da leptina ativa a cascata JAK/STAT, através da qual são exercidos os efeitos biológicos da leptina (214). Os resultados de Sobhani et al. indicam que as células epiteliais do estômago humano são os alvos diretos da leptina, mas não se sabe se a ativação destes alvos inclui as vias luminal, endócrina e parácrina. No entanto, devido à presença de receptores no lado basolateral das células epiteliais, os autores sugerem a via endócrina e/ou parácrina (214).

A expressão do recetor da leptina está presente em cerca de 79,3% a 91,7% dos casos de cancro do intestino e em cerca de 30% dos casos de carcinoma gástrico difuso (36,218). Vários estudos observaram um nível significativamente mais elevado de expressão do recetor da leptina nos tipos de cancro gástrico bastante bem diferenciados e moderadamente diferenciados do que nos tipos pouco diferenciados e indiferenciados (218, 219). O estudo de Ishikawa et al. salientou um nível significativamente mais elevado de expressão do recetor da leptina nos homens do que nas mulheres. Foi igualmente observada uma correlação positiva entre a expressão do recetor da leptina e a profundidade da invasão tumoral no cancro gástrico (218). A expressão da leptina no cancro gástrico foi significativamente associada à classificação de Borrmann, às metástases nos gânglios linfáticos e à expressão de VEGF, e inversamente correlacionada com o tempo de sobrevivência (220).

Notamos que a infeção por H. pylori aumenta significativamente a expressão da leptina gástrica (221), embora a prevalência da infeção por H. pylori seja semelhante em indivíduos obesos e não obesos (212).

Foram registados níveis elevados de leptina no soro em ratos com cancro gástrico induzido por N-metil-N-nitrosoureia (MNU) (222).

Em cultura de tecidos, foi demonstrado que a leptina induz a proliferação do adenocarcinoma gástrico humano de uma forma dependente da dose através da ativação da via de sinalização da proteína quinase activada por mitogénio (MAPK) através de uma isoforma longa do recetor da leptina (LEPRb) (223).

G. Carcinoma do pâncreas

Na última década, as taxas de mortalidade diminuíram em vários tipos de cancro (pulmão, mama e próstata), mas a taxa de mortalidade do cancro do pâncreas continua a aumentar (224). O cancro do pâncreas é a neoplasia maligna mais mortífera, com uma taxa de sobrevivência a cinco anos de cerca de 5%, representando a quarta principal causa de morte nos países ocidentais (207, 225).

Os principais factores de risco identificados em vários estudos de coorte e meta-análises são o tabagismo, a história familiar, o consumo de álcool, a obesidade, a infeção por Helicobacter pylori, a infeção pelo vírus da hepatite C, etc. (226,227,228).

Os dados sobre o impacto da obesidade no cancro do pâncreas são escassos e bastante contraditórios, uma vez que o papel da leptina e dos seus receptores na carcinogénese pancreática ainda não está totalmente definido (229, 230).

Estudos anteriores *in vitro* mostraram que o crescimento e a disseminação das células cancerosas do pâncreas do rato aumentavam significativamente em ratos geneticamente obesos (231). Numa segunda experiência, com ratos obesos induzidos pela alimentação, observou-se que o tamanho do cancro pancreático se correlacionava positivamente com o peso corporal (232). Esta migração foi bloqueada por um inibidor da PI3K, o que indica igualmente que a leptina afecta o crescimento dos tumores através da ativação da via PI3K/AAKT, que favorece a migração das células cancerosas pancreáticas (229).

Os resultados dos estudos clínicos diferem dos obtidos nos estudos in *vitro*. Autores polacos relataram níveis de leptina plasmática significativamente mais baixos em doentes com cancro pancreático do que em grupos de controlo (230). Os resultados deste estudo confirmam descobertas anteriores que sugerem que os doentes com cancro do pâncreas se caracterizam por níveis baixos de leptina (233). Num outro relatório, foram encontrados níveis de leptina no soro inferiores aos da população saudável tanto em doentes com cancro como em doentes com pancreatite crónica. Neste relatório, os doentes com pancreatite autoimune apresentavam níveis elevados de leptina no soro (234). As concentrações de leptina no soro podem refletir alterações no índice de massa corporal (IMC) e no estado nutricional dos doentes com cancro. A leptina sérica poderia ser um parâmetro para avaliar o estado nutricional dos doentes com cancro (235).

Grigor'eva et al. concluíram que a incidência de cancro do pâncreas aumenta em 47% nas pessoas obesas e salientaram que os baixos níveis séricos de leptina e adiponectina aumentam o risco de cancro do pâncreas. Além disso, observou-se que as pessoas com obesidade central têm um risco significativamente mais elevado de desenvolver cancro do pâncreas do que as pessoas com obesidade periférica. A relação entre a obesidade e o cancro do pâncreas explica-se pela resistência à insulina e pela hiperinsulinemia (236).

Em cultura de tecidos, a leptina demonstrou inibir o crescimento das células cancerosas pancreáticas das linhas celulares PANC-1 e Mia-PaCa (237).

O gene da leptina e o seu recetor foram também identificados na insulina pancreática (238). Um efeito periférico importante da leptina é a restrição da síntese da insulina nas células beta. Supõe-se que a leptina representa uma molécula de sinalização que estabelece um sinal de transmissão "adipo-insular" do tecido adiposo para as células beta. O seu papel consiste em limitar a secreção de insulina em função das necessidades determinadas pelos depósitos de gordura no organismo. A insulina, conhecida pelas suas propriedades lipogénicas, estimula a secreção de leptina pelo tecido adiposo, estabelecendo um feedback hormonal regulador conhecido como "eixo adipo-insular" (239). A expressão das isoformas do recetor da leptina foi também detectada em células glucagon pancreáticas humanas e de rato. Pensa-se que a leptina diminui a síntese de glucagon nas células alfa, incluindo assim estas células no "eixo adipo-insular" (240).

H. Carcinoma da glândula tiroide

O cancro da tiroide representa cerca de 1% de todos os tumores malignos, mas é também o tumor maligno mais frequente do sistema endócrino (241). Pertence ao grupo de tumores com maior crescimento anual das taxas de morbilidade (mais de 5% tanto nos homens como nas mulheres), em parte devido à utilização de métodos de diagnóstico modernos, atualmente muito difundidos (242). Nos últimos anos, a taxa de mortalidade por este tumor registou um ligeiro aumento, passando de 0,51/100.000 em 2007 para 0,52/100.000 em 2011 nos homens, e de 0,48 para 0,49 no mesmo período nas mulheres (241). O cancro da tiroide ocorre 1,5 a 3 vezes mais frequentemente nas mulheres, com um pico de incidência entre os 40 e os 44 anos, em comparação com os 60 a 65 anos nos homens (243).

Os tumores malignos da glândula tiroide têm origem nas células foliculares, parafoliculares e estromais. Os tumores de origem folicular dividem-se em dois grupos: os tumores papilares e os tumores foliculares, também conhecidos como carcinomas diferenciados. O carcinoma medular da tiroide desenvolve-se a partir de células parafoliculares. Os carcinomas indiferenciados da tiroide não retêm a estrutura folicular e são anaplásicos. O carcinoma papilar é, de longe, a neoplasia maligna mais comum da glândula tiroide e representa cerca de 85% de todos os cancros da tiroide (244).

Os factores que conduziram a um aumento da incidência do cancro da tiroide ainda não foram totalmente elucidados. O único fator de risco fiável é a radiação ionizante e outros factores que se pensa estarem envolvidos na patogénese do cancro da tiroide são a instabilidade genética, a história familiar positiva, as hormonas sexuais femininas, a falta de iodo na água e nos alimentos, a obesidade, etc.

Estudos recentes sugeriram uma correlação positiva entre o índice de massa corporal (IMC) e o risco de desenvolver cancro da tiroide (247, 248). A relação entre a obesidade e o cancro da tiroide pode ser influenciada por uma série de factores, como o sexo, a idade, a origem étnica e geográfica, o estilo de vida, etc. (249).

Os doentes com cancro da tiroide bem diferenciado apresentavam níveis séricos de leptina significativamente mais elevados do que os do grupo de controlo (250). Após a tiroidectomia total, os níveis de leptina diminuem imediatamente, o que indica um possível papel da leptina na carcinogénese da tiroide. Observou-se que estes níveis reduzidos de leptina eram significativamente mais elevados do que os níveis de leptina nos grupos de controlo, o que pode ser o resultado da estimulação da TSH causada pelo hipotiroidismo após a tiroidectomia (251).

Kim et al. mostraram uma ligação direta entre a obesidade e o comportamento biológico do carcinoma folicular da tiroide em experiências com ratinhos que desenvolvem espontaneamente cancro da tiroide (ratinhos ThrbPV / PVPten +/-) e cuja obesidade é induzida por uma dieta rica em gorduras (HFD)(252). Observaram que o crescimento do tumor era significativamente mais elevado e a sobrevivência significativamente mais baixa nos ratinhos alimentados com uma dieta rica em gorduras do que nos alimentados com uma dieta pobre em gorduras (LFD). A análise histopatológica mostrou que a incidência de anaplasia era significativamente (2,6 vezes) mais elevada nos ratos cuja obesidade foi induzida por uma dieta rica em gorduras do que nos ratos alimentados com uma dieta pobre em gorduras . O tratamento com uma dieta rica em gordura resultou num aumento da leptina sérica em ratinhos ThrbPV / PVPten+/. Os autores concluíram que níveis elevados de leptina sérica, através da ativação da via de sinalização JAK2/STAT3, induzem alterações patológicas agressivas, uma vez que a ativação da via de sinalização JAK2/STAT3 está significativamente associada a uma maior incidência de focos anaplásicos no carcinoma da tiroide. Além disso, foi sugerido que a via JAK2/STAT3 activada é um possível mediador na desdiferenciação das células cancerosas da tiroide e foi salientado que a via de sinalização STAT3 pode ser um alvo potencial para o tratamento do cancro da tiroide (252).

O facto de a experiência de Kim et al. não ter encontrado diferenças significativas na invasão vascular e na invasão da cápsula entre os ratos com obesidade induzida por HFD e os alimentados com LFD desencadeou um debate na literatura. Mais especificamente, Di Cristofano acredita que a obesidade afecta o comportamento biológico das lesões da tiroide já estabelecidas, ou seja, nega que a obesidade seja o iniciador/indutor destas lesões (253). No que diz respeito aos factores de risco, há mais de duas décadas, foi lançada uma iniciativa na literatura que defendia a necessidade de diferenciar entre os factores desencadeantes do cancro da tiroide e os factores que estimulam o crescimento e a progressão do tumor (254).

A expressão de LEPR foi detectada em 80% dos carcinomas papilares da tiroide. Além disso, foi observada uma correlação positiva com a idade, o tamanho do tumor, as metástases nos gânglios linfáticos e o estádio do tumor (255). Também se observou que os doentes com elevada expressão de receptores de leptina tinham uma sobrevivência significativamente mais curta do que aqueles com baixa expressão de LEPR. Os autores sublinham que, com base na expressão de LEPR, é possível identificar o fenótipo agressivo do cancro papilar da tiroide (255). A associação da expressão da leptina e dos receptores da leptina com um fenótipo agressivo do carcinoma papilar foi também confirmada por outros autores (256).

A expressão de um recetor de leptina funcional foi também encontrada em linhas celulares de carcinoma papilar da tiroide. Nestas linhas celulares, a leptina modula a migração celular, estimula a proliferação das células cancerosas e inibe a apoptose.

Além disso, em experiências *in vitro* com linhas celulares de carcinoma papilar da tiroide, foi demonstrado que a leptina estimula rapidamente a via de sinalização PI3K/AKT e induz a fosforilação da AKT, activando assim uma via de transdução de sinal fundamental (255, 257).

No carcinoma medular da tiroide, a expressão de LEPR está significativamente correlacionada com metástases nos gânglios linfáticos e estádios avançados do tumor. Por outro lado, os doentes com carcinoma anaplásico da tiroide com expressão explícita de LEPR têm uma sobrevivência significativamente mais longa do que os doentes com cancro anaplásico da tiroide sem expressão de LEPR (258). Verificou-se que a ativação da via de sinalização STAT3 se correlaciona positivamente com o carcinoma anaplásico, mas inversamente com o tamanho do tumor em doentes com carcinoma papilar da tiroide (259).

Contrariamente a estudos anteriores, alguns autores acreditam que a leptina pode ter um impacto, através de uma via autócrina ou parácrina, no comportamento biológico do cancro da tiroide, mas o seu papel no carcinoma da tiroide com cancro sistémico da tiroide não foi demonstrado.

A obesidade não é clara. Os autores apoiam a opinião anterior pelo facto de não ter sido identificada a associação entre a expressão elevada de leptina ou LEPR e o IMC no cancro da tiroide (260).

I. Carcinoma de células renais

O carcinoma das células renais representa cerca de 2-3% de todos os tumores malignos nos homens. É 1,5 a 2 vezes mais frequente nos homens do que nas mulheres. O tumor é mais frequente entre a sexta e a sétima décadas de vida e, em cerca de 7% dos casos, é diagnosticado em pessoas com menos de 40 anos (261, 262). Em termos de distribuição geográfica, o cancro do rim é mais frequente na Escandinávia, na Europa Oriental e Ocidental, na América do Norte e na Austrália. Nas últimas décadas, todo o mundo tem sido responsável pelo aumento da incidência, que ronda em média os 2,5% ao ano, com o maior aumento registado na Finlândia (263).

Os factores de risco mais importantes para o cancro do rim são o tabagismo, a obesidade e a hipertensão arterial (264). Estima-se que cerca de 40% dos carcinomas de células renais nos Estados Unidos podem ser atribuídos ao excesso de peso e à obesidade (265), e o risco é considerado duas vezes mais elevado nas pessoas com um índice de massa corporal superior a 29 kg/m^2(266).

Os dados da literatura relativos à influência da obesidade na génese do cancro do rim são muito escassos e contraditórios. Embora a relação estreita entre a obesidade e o cancro do rim seja fortemente sublinhada, é necessário esclarecer os mecanismos pelos quais a obesidade afecta a carcinogénese renal (267,268,269). Uma visão moderna é que os peptídeos biologicamente activos, como a leptina, que são sintetizados no tecido adiposo, medeiam o processo (269,270). Estudos *in vitro* apoiam esta visão, mostrando que a leptina estimula a angiogénese e a proliferação celular e inibe a apoptose em linhas celulares de carcinoma de células renais (270,271). Além disso, foi verificada a expressão do recetor da leptina em linhas celulares de carcinoma de células renais, sugerindo que a sinalização da leptina desempenha um papel importante na carcinogénese renal (272, 273). A experiência com células de cancro renal murino mostrou que a leptina estimula a invasão das células de cancro renal através das vias dependentes da quinase regulada por sinal extracelular e da Rho guanosina trifosfatase (273). Num estudo clínico realizado pelos mesmos autores, foi observada uma associação significativa entre a expressão do recetor da leptina e o tipo histológico do cancro, a invasão venosa e as metástases nos gânglios linfáticos. Para além disso, a análise multivariada revelou que níveis elevados de leptina sérica são um preditor independente da progressão do tumor e da sobrevivência (274). Uma associação estatisticamente significativa entre níveis elevados de leptina e um risco acrescido de cancro do rim foi publicada por Liao et al. num estudo com cidadãos do Cáucaso (269).

Num estudo de caso-controlo, observaram uma associação inversa entre a leptina e um risco acrescido de cancro do rim. Supõe-se que esta correlação inversa seja o resultado da perda de peso dos pacientes devido à doença e à inclusão no estudo de pacientes com carcinoma de células renais avançado (275).

IV. Conclusões e direcções futuras

A leptina é uma citocina multifuncional envolvida em numerosos processos celulares em diferentes tecidos. Nos seres humanos, um índice de massa corporal elevado está diretamente associado a níveis elevados de leptina. Para além da sua função neuroendócrina, a leptina actua como um fator de crescimento, activando várias vias de sinalização para a migração, a proliferação e a sobrevivência das células tumorais. Por conseguinte, foi identificada como um fator de crescimento importante na génese e na progressão dos tumores e é considerada capaz de promover um fenótipo de cancro altamente agressivo.

A leptina é uma molécula chave no desenvolvimento da obesidade. A incidência da obesidade continua a aumentar em todo o mundo. A obesidade é uma das principais doenças da civilização moderna. Além disso, para além do aspeto estético, gera numerosos problemas de saúde graves que afectam a qualidade de vida. Estima-se que o excesso de peso e a obesidade sejam responsáveis por cerca de 20% das mortes por cancro nas mulheres e por cerca de 14% nos homens.

Durante a última década, a comunidade científica apoiou fortemente o conceito de aplicação de uma terapia complementar ao tratamento dos tumores malignos, o que significa que todos os aspectos agressivos do cancro (angiogénese, proliferação, resistência à apoptose, etc.) são tratados com uma terapia orientada.

Esperamos que, ao lançar luz sobre a função e a importância da leptina, tenhamos dado um passo em frente na nossa compreensão da obesidade e, assim, esperamos ter fornecido um ponto de partida para o desenvolvimento de novas modalidades terapêuticas e para a prevenção de cancros relacionados com a obesidade.

Referências

1. James WP. Obesidade - uma pandemia moderna: o peso da doença. Endocrinol Nutr 2013;60 Suppl 1:3-6.
2. Swinburn BA, Sacks G, Hall KD, et al. The global obesity pandemic: shaped by global drivers and local environments. The Lancet. 2011 ; 378:804-14
3. Travers ME, McCarthy MI. Diabetes tipo 2 e obesidade: genómica e a clínica. Hum Genet.2011; 130:41-58
4. Kotsis V, Stabouli S, Papakatsika S, Rizos Z, Parati G. Mechanisms of obesity-induced hypertension. Hypertens Res. 2010; 33:386-393.
5. Huxley R, Mendis S, Zheleznyakov E, Reddy S, Chan J. Body mass index, waist circumference and waist-to-hip ratio as predictors of cardiovascular risk - a review of the literature. Eur J Clin Nutr. 2010;64:16-22.
6. Basen-Engquist K, Chang M. Obesity and cancer risk: recent review and evidence (Obesidade e risco de cancro: revisão e provas recentes). Curr Oncol Rep. 2011 ; 13:71-76.
7. Liu Z, Zhang TT, Zhao JJ, Qi SF, Du P, Liu DW, Tian QB. The associationbetween overweight, obesity and ovarian cancer: a meta-analysis.Jpn J Clin Oncol. 2015;45(12):1107-15.
8. Teucher B, Rohrmann S, Kaaks R. Obesity: focus on all-cause mortality and cancer. Maturitas. 2010 ; 65:112-116.
9. Wolin KY, Carson K, Colditz GA. Obesidade e cancro. Oncologist. 2010; 15:556-565. .
10.Boeing H. Obesidade e cancro - a atualização de 2013. Best Pract Res Clin Endocrinol Metab. 2013; 27(2):219-27
11.Blumel JE. Resposta a "Leptin disturbance probably involved in thepathogenesis of obesity-induced depressive symptoms".Maturitas. 2015;80(3):336.
12.Katib A. Mecanismos que ligam a obesidade à infertilidade masculina.Cent European J Urol. 2015;68(1):79-85
13.Marti, A.; Martinez-Gonzalez, M.A.; Martinez, J.A. Interação entre genes e factores de estilo de vida na obesidade. Proc. Nutr. Soc. 2008, *67,* 1-8.
14.Romao, I.; Roth, J. Interações genéticas e ambientais na obesidade e na diabetes tipo 2.J. Am. Diet. Assoc. 2008, 108, S24-S28.
15.Rancic G, Fiore M, Hristova MG e Chaldakov GN: Leptina 21 anos depois: do big bang das gorduras ao palco central, nunca antes o tecido adiposo esteve tão

ativo. Adipobiology 2015; 7: 9-13

16. Zhang Y, Proenca R, Maffei M, Barone M, Leopold L, Friedman JM. Positional cloning of the mouse obese gene and its human homologue (Clonagem posicional do gene do rato obeso e seu homólogo humano). 1994;372(6505):425-32.

17. Ceddia RB, Koistinen HA, Zierath JR andSweeney G: Analysis of paradoxical observations on the association between leptin and insulin resistance. FASEB Journal;2002, 16(10) : 1163-1176.

18. Vernooy JH, Ubags ND, Brusselle GG, Tavernier J, Suratt BT, Joos GF, Wouters EF, Bracke KR. Leptin as regulator of pulmonary immuneresponses: involvement in respiratory diseases.Pulm Pharmacol Ther. 2013 ; 26(4):464-72.

19. Sheffield L. Malignant transformation of mammary epithelial cellsincreases expression of leptin and leptin recetor. Endocr Res. 2008;33(3):111-8.

20. Bado A, Levasseur S, Attoub S, Kermorgant S, Laigneau JP, Bortoluzzi MN, Moizo L, Lehy T, Guerre-Millo M, Le Marchand-Brustel Y, Lewin MJ. O estômago é uma fonte de leptina. Nature. 1998 ; 394(6695):790-3.

21. Figlewicz DP, Evans SB, Murphy J, Hoen M, Baskin DG. Expression of insulin and leptin receptors in the rat ventral tegmental area/substantia nigra (VTA/SN). Brain Res. 2003; 964:107-15

22. Perez-Perez A, Maymo J, Gambino Y, Guadix P, Duenas JL, Varone C, Sanchez-Margalet V. A insulina aumenta a expressão de leptina em humantrophoblasticcélulas . Biol Reprod. 2013; 89(1):20

23. Elias CF, Purohit D.Leptin signaling and circuits in puberty and fertility (Sinalização e circuitos da leptina na puberdade e fertilidade). Cell Mol Life Sci. 2013;70(5):841-62

24. Janeckova R. The role of leptin in human physiology and pathophysiology.Physiol Res. 2001;50(5):443-59.

25. Hausman GJ, Barb CR. Tecido adiposo e o eixo reprodutivo: aspectos biológicos.Endocr Dev. 2010; 19:31-44.

26. Klein S, Coppack SW, Mohamed-Ali V, Landt M. Adipose tissue leptinproduction and plasma leptin kinetics in humans.Diabetes. 1996;45(7):984- 7.

27. Baile CA, Della-Fera MA, Martin RJ. Regulação do metabolismo e da massa gorda corporal pela leptina.Annu Rev Nutr. 2000;20:105-27

28. Folch J, Pedros I, Patraca I, Sureda F, Junyent F, Beas-Zarate C, Verdaguer E, Pallas M, Auladell C, Camins A. Neuroprotective and anti-ageing role ofleptin.

J Mol Endocrinol. 201210;49(3):R149-56).

29. Tutino V, Notarnicola M, Guerra V, Lorusso D, Caruso MG. Os níveis do recetor de leptina estão associados ao estágio avançado do tumor aumentados solúvel em pacientes com câncer colorretal.Anticancer Res. 2011; 31 (10): 3381-3.

30. Isidori AM, Strollo F, More M, Caprio M, Aversa A, Moretti C, Frajese G, Riondino G, Fabbri A. Leptin and aging : correlation with endocrinechanges in male and female healthy adult populations of different bodyweights. J Clin Endocrinol Metab. 2000;85(5):1954-62.

31. Tartaglia LA, Dembski M, Weng X, Deng N, Culpepper J, Devos R, Richards GJ, Campfield LA, Clark FT, Deeds J, Muir C, Sanker S, Moriarty A, Moore KJ, Smutko JS, Mays GG, Wool EA, Monroe CA, Tepper Ri : Identificação e clonagem da expressão de um recetor de leptina, OB-R.Cell1995 : 83 : 1263-1271.

32. De Vos P, Lefebvre AM, Miller SG, Guerre-Millo M, Wong K, Saladin R, Hamann LG, Staels B, Briggs MR, Auwerx J: As tiazolidinedionas reprimem a expressão do gene ob em roedores através da ativação do recetor gama ativado pela proliferação de peroxissomas. J Clin Invest1996;98: 1004-1009

33. Myers MG Jr: Leptin receptor signalling and the regulation of mammalian physiology. Progresso Recente na Investigação Hormonal 2004; 59 287-304.

34. Tu H, Pan W, Feucht L, Kastin AJ. Convergent trafficking pattern of leptinafter endocytosis mediated by ObRa-ObRd.J Cell Physiol. 2007; 212(1):215-22.

35. Huang J, Wang Z e Li C: Modulação dos níveis de leptina circulante pelo seu recetor solúvel. Journal of Bio-logical Chemistry 2001 ; 276(9) : 6343-6349.

36. Zhao L, Shen ZX, Luo HS, Shen L. Possível envolvimento da leptina e do leptina recetor de no desenvolvimento de adenocarcinoma gástrico.World J Gastroenterol. 2005 ; 11(48):7666-70.

37. Juhasz A, Katona E, Csongradi E, Paragh G. Regulação da massa corporal e sua relação com o desenvolvimento da obesidade. Orv Hetil. 2007;148(39):1827-36

38. Hoda MR, Popken G : Acções mitogénicas e anti-apoptóticas da derivada dos adipócitoshormona , a leptina, em células de cancro da próstata.BJU Int. 2008; 102(3):383-8

39. Yang WH, Chen JC, Hsu KH, Lin CY, Wang SW, Wang SJ, Chang YS, Tang CH. A leptina aumenta a expressão de VEGF e melhora a angiogénese em células de condrossarcoma humano.Biochim Biophys Ata. 2014;1840(12):3483- 93.

40.Claycombe K, King LE, Fraker PJ. Um papel para a leptina na manutenção da linfopoiese e da mielopoiese.Proc Natl Acad Sci U S A. 2008 ;105(6):2017-21

41.Perfis nos ciclos menstruais normais e nos ciclos de tratamento com gonadotrofinasYamada M, Irahara M, Tezuka M, Murakami T, Shima K, Aono T. séricos de leptina .Gynecol Obstet Invest. 2000;49(2):119-23.

42.Tsai PJ, Davis J, Bryant-Greenwood G. Leptina sistémica e placentária e seus receptores em gravidezes associadas à obesidade.Reprod Sci. 2015 ;22(2):189-97.

43.Hentschke MR, Comparsi AB, Lucas LS, Sontag F, Gadonski G, Paula LG, Poli-de-Figueiredo CE, Pinheiro da Costa BE. Os níveis de estão aumentados em pacientes com pré-eclâmpsia.leptina materna e placentária Pregnancy Hypertens. 2015;5(1):91-2.

44.Eilers E, Ziska T, Harder T, Plagemann A, Obladen M, Loui A. Determinação de leptina no colostro e no leite humano inicial de mães de prematuros bebés de termo.Early Hum Dev. 2011;87(6):415-9

45.4 5. Schuster S, Hechler C, Gebauer C, Kiess W, Kratzsch J. Leptina no soro materno e no leite materno: associação com o ganho de peso corporal dos bebés em estudo longitudinal ao longo de 6 meses de lactação.Pediatr Res. 2011 ;70(6):633- 7.

46.Jockenhovel F, Blum WF, Vogel E, Englaro P, Muller-Wieland D, Reinwein D, Rascher W, Krone W: A reposição de testosterona normaliza os níveis elevados de leptina sérica em homens hipogonadais. *J* ClinEndocrinol Metab 1997;82: 2510-2513

47.Radwanska P, Kosior-Korzecka U. Efeito da leptina na da hormona estimulante da tiroide na secreção e libertação de óxido nítrico das células hipofisárias de borregos in vitro.J Physiol Pharmacol. 2014;65(1):145-51.

48.Plaisancie P, Ducroc R, El Homsi M, Tsocas A, Guilmeau S, Zoghbi S, Thibaudeau O, Bado A. A leptina luminal ativa as células de goblet secretoras de mucina no intestino grosso. Am J Physiol Gastrointest Liver Physiol.2006; 290(4):G805-12

49.Tytgat KM, Buller HA, Opdam FJ, Kim YS, Einerhand AW, e Dekker J. Biosíntese da mucina do cólon humano: Muc2 é a mucina secretora mais importante. Gastroenterologia, 1994; 107: 1352-1363

50.Lewin MJ, Bado A. Leptina gástrica. Microsc Res Tech. 2001;53:372-376

51.Adeyemi EO, Bastaki SA, Chandranath IS, Hasan MY, Fahim M, e Adem A. Mechanisms of action of leptin in the prevention of gastric ulcer. World J

Gastroenterol 2005; 11(27):4154-4160

52. Stallmeyer B, Pfeilschifter J, Frank S. Systemically and topicallysupplemented leptin fails to reconstitute a normal angiogenic responsible for skin repair in diabetic ob/ob mice.Diabetologia. 2001;44(4):471-9.

53. in skin repair.J Stallmeyer B, Kampfer H, Podda M, Kaufmann R, Pfeilschifter J, Frank S. A novel keratinocyte mitogen: regulation of leptin and its functionalreceptor Invest Dermatol. 2001;117(1):98-105.

54. Tadokoro S, Ide S, Tokuyama R, Umeki H, Tatehara S, Kataoka S, Satomura K. A leptina promove a cicatrização de feridas na pele.PLoS One. 2015 ;10(3):e0121242.

55. Flier JS: Leptin Expression and Action: New Experimental Paradigms (Expressão e ação da leptina: novos paradigmas experimentais). Proceedings of the National Academy of Sciences 1997; 94 (9): 42424245

56. Zhang F, Basinski MB, Beals JM, Briggs SL, Churgay LM, Clawson DK, DiMarchi RD, Furman TC, Hale JE, Hsiung HM, Schoner BE, Smith DP, Zhang XY, Wery JP e Schevitz RW. Estrutura cristalina da proteína da obesidade leptina-E100. Nature 1997;387 : 206-209

57. Busso N, A, Chobaz-Peclat V, Morard C, Martinez-Soria E, Talabot-Ayer D, e Gabay C. A deficiência de sinalização da leptina prejudica as respostas imunitárias humoral e celular e atenua a artrite experimental. J Immunol, 2002 ; 168/875-882

58. Matarese G, Di Giacomo A, Sanna V, Lord GM, Howard JK, Di Tuoro A, Bloom SR, Lechler RI, Zappacosta S e Fontana S. Necessidade de leptina na indução e progressão da encefalomielite autoimune. J Immunol 2001;166 : 5909-5916

59. Maury E, Brichard SM. Desregulação das adipocinas, inflamação do tecido adiposo e síndrome metabólica. Mol Cell Endocrinol. 2010;314:1- 16.

60. Fernandez-Riejos P, Najib S, Santos-Alvarez J, Martin-Romero C, Perez-Perez A, Gonzalez-Yanes C, Sanchez-Margalet V. Papel da leptina na ativação de células imunitárias.Mediators Inflamm. 2010;2010: 568343.

61. Bornstein SR, Licinio J, Tauchnitz R, Engelmann L, Negrao AB Gold P, et al. Plasma leptin levels are increased in survivors of acute sepsis: associated loss of diurnal rhythm, in cortisol and leptin secretion. J Clin Endocrinol Metab. 1998;83:280-3.

62. Tschop J, Nogueiras R, Haas-Lockie S, Kasten KR, Castaneda TR, Huber N, et al. CNS leptin action modulates immune response and survival in sepsis. J

Neurosci. 2010;30:6036-47.

63. Versini M, Jeandel PY, Rosenthal E, Shoenfeld YObesidade em doenças auto-imunes: não é um espetador passivo.Autoimmun Rev. 2014;13(9):981-1000.

64. Paz-Filho G, Mastronardi C, Franco CB, Wang KB, Wong ML, Licinio J. Leptina: mecanismos moleculares, efeitos pró-inflamatórios sistêmicos e clínicasimplicações .Arq Bras Endocrinol Metabol. 2012;56(9):597-607.

65. Zhang P, Zhong ZH, Yu HT, Liu B. Significado do aumento da expressão da leptina em pacientes com osteoartrite.PLoS One. 2015 ;10(4):e0123224

66. Xu WD, Zhang M, Zhang YJ, Liu SS, Pan HF, Ye DQ. Associação entre leptina e lúpus eritematoso sistémico.Rheumatol Int. 2014 ;34(4):559-63.

67. Afroze D, Yousuf A, Ali R, Kawoosa F, Akhtar T, Reshi S, Shah ZA. Níveis séricos de leptina, polimorfismo do gene do recetor da leptina (LEPR) e risco de lúpus eritematoso sistémico na população da Caxemira. 2015;44(2) : 113-25.

68. Matarese G, Carrieri PB, La Cava A, Perna F, Sanna V, De Rosa V, Aufiero D, Fontana S, Zappacosta S. O aumento da leptina na esclerose múltipla está associado a um número reduzido de células T reguladoras CD4(+)CD25+.Proc Natl Acad Sci U S A.;2005,102(14):5150-5.

69. Wallace AM, McMahon AD, Packard CJ, Kelly A, Shepherd J, Gaw A, et al. Plasma leptin and the risk of cardiovascular disease in the west of Scotland coronary prevention study (WOSCOPS). Circulation. 2001;104:3052-6.

70. Rasouli N, Kern PA. Adipocytokines and metabolic complications of obesity (Adipocitocinas e complicações metabólicas da obesidade). J Clin Endocrinol Metab. 2008;93:S64-73.

71. Erkasap N, Uzuner K, Serteser M, Koken T, e Aydin Y. Gastro- protective effect of leptin on gastric mucosal injury induced by ischemia-reperfusion is related to gastric histamine content in rats. Peptides, 2003; 24:1181-1187.

72. Cakir B, Bozkurt A, Ercan F, e Yegen BC. O efeito anti-inflamatório da leptina na colite experimental: envolvimento de glucocorticóides endógenos.Peptides 2004; 25: 95-104

73. Batra A, Okur B, Glauben R, Erben U, Ihbe J, Stroh T, et al. Leptina: um regulador crítico da polarização das células T CD4+ in vitro e in vivo. Endocrinology. 2010;151:56-62.

74. Matarese G, Procaccini C, De Rosa V, Horvath TL, La Cava A. Células T reguladoras na obesidade: a ligação com a leptina. Trends Mol Med. 2010;16:247-56.

75. Iikuni N, Lam QL, Lu L, Matarese G, La Cava A. Leptin and inflammation.

Curr Immunol Rev. 2008;4:70-9.

76. Dixit VD, Mielenz M, Taub DD, Parvizi N. Leptin induces growth hormone secretion by peripheral blood mononuclear cells via a protein kinase C- and nitric oxide-dependent mechanism. Endocrinology. 2003;144:5595- 603.

77. Rafail S, Ritis K, Schaefer K, Kourtzelis I, Speletas M, Doumas M, et al. A leptina induz a expressão do fator tecidular funcional em neutrófilos humanos e células mononucleares do sangue periférico através de mecanismos dependentes de JAK2 e do envolvimento de TNFalpha.Thromb Res. 2008;122:366-75.

78. Martin-Romero C, Santos-Alvarez J, Goberna R, Sanchez-Margalet V. A leptina humana aumenta a ativação e a proliferação das células T circulantes humanas. Cell Immunol. 2000;199:15-24.

79. Tanaka M, Suganami T, Kim-Saijo M, Toda C, Tsuiji M, Ochi K, et al. Role of central leptin signaling in the starvation-induced alteration of B-cell development. J Neurosci. 2011;31:8373-80.

80. Chan JL, Moschos SJ, Bullen J, Heist K, Li X, Kim YB, et al. A administração de metionil leptina humana recombinante ativa o transdutor de sinal e o ativador da transcrição 3 em células mononucleares do sangue periférico in vivo e regula positivamente os níveis do recetor solúvel do fator de necrose tumoral alfa em humanos com deficiência relativa de leptina. J Clin Endocrinol Metab. 2005;90:1625-31.

81. Farooqi IS, Matarese G, Lord GM, Keogh JM, Lawrence E, Agwu C, Sanna V, Jebb SA, Perna F, Fontana S et al : Efeitos benéficos da leptina na obesidade, na hiporesponsividade das células T e na disfunção neuroendócrina/metabólica da deficiência congénita de leptina em humanos.Journal of Clinical Investigation 2002, 110 :1093-1103.

82. Siegmund B, Lehr HA, Fantuzzi G. Leptin: an essential mediator of intestinal inflammation in mice. Gastroenterology. 2002;122:2011-25.

83. Frankenberry KA, Somasundar P, McFadden DW, Vona-Davis LC. A leptina induz a migração celular e a expressão de factores de crescimento em células humanas da próstatade cancro . 2004 ;188(5) : 560-5

84. Jeong YJ, Bong JG, Park SH, Choi JI I, Oh HK. Expressão da leptina, do recetor da leptina, da adiponectina e do recetor da adiponectina no carcinoma ductal in situ e no cancro da mama invasivo. 2011 ;(14(2):96-103.

85. Sharma D, Saxena NK, Vertino PM, Anama FA. Leptin promotes theproliferative response and invasiveness in human endometrial cancer cellsby activating multiple signal-transduction pathways. Endocr Relat Cancer.

2006;13(2):629-40.

86.Endo H, Hosono K, Uchiyama T, Sakai E, Sugiyama M, Takahashi H, Nakajima N, Wada K, Takeda K, Nakagama H, Nakajima A. A leptina actua como um fator de crescimento para tumores colorrectais em fases subsequentes à iniciação do tumor na carcinogénese do cólon murino.Gut. 2011;60(10) : 1363-71.

87.Uddin S, Hussain AR, Siraj AK, Khan OS, Bavi PP, Al-Kuraya KS. Papel da leptina dos e seus receptores na patogénese do cancro da tiroide. Int J Clin Exp Pathol. 2011;4(7):637-43.

88.Gallina S, Sireci F, Lorusso F, DI Benedetto DV, Speciale R, Marchese D, Costantino C, Napoli G, Tessitore V, Cucco D, Leone A, Bonaventura G, Uzzo ML, Spatola GF. A expressão peptidérgica imunohistoquímica da leptina está associada à recorrência de malignidade no laringocarcinoma de células escamosas .Ata Otorhinolaryngol Ital. 2015;35(1):15-22.

89.Caan BJ, Coates AO, Slattery ML, Potter JD, QuesenberryCP Jr & Edwards SM 1998 Body size and the risk of coloncancer in a large case-control study. InternationalJournal of Obesity and Related Metabolic Disorders 22 178-184)

90.Sulkowska M, Golaszewska J, Wincewicz A, Koda M, Baltaziak M, Sulkowski S:Leptin - from regulation of fat metabolism to stimulation of breast cancer growth Pathol Oncol Res. 2006;12(2):69-72.

91.Koda M, Sulkowska M, Kanczuga-Koda L, Cascio S, Colucci G, Russo A, Surmacz E, Sulkowski S. Expression of the obesity hormone leptin and itsreceptor correlates with hypoxia-inducible fator-1 alpha in humancolorectal cancer.Ann Oncol. 2007;18 Suppl 6:vi116-9.

92.Koda M, Sulkowska M, Wincewicz A, Kanczuga-Koda L, Musiatowicz B, Szymanska M, Sulkowski S. Expressão da leptina, do recetor da leptina e do induzido pela hipóxia fator 1 alfa no cancro do endométrio humano.Ann N Y Acad Sci. 2007 ;1095:90-8

93.Pischon T, Nothlings U, Boeing H. Obesidade e cancro. Proc Nutr Soc.2008; 67(2):128-45

94.Lee JW, Bae SH, Jeong JW, Kim SH, Kim KW. Hypoxia-inducible fator(HIF-1)alpha: its protein stability and biological functions.Exp Mol Med. 2004;36(1):1-12.

95.Ambrosini G, Nath AK, Sierra-Honigmann MR, Flores-Riveros J. Transcriptional activation of the human leptin gene in response to hypoxia.Involvement of hypoxia-inducible fator 1.J Biol Chem.

2002;277(37):34601-9

96.Hamilton SR, Bosman FT,Lyas M, Morreau H, Nakamura SJ, Riboli E, Sobin LH : Carcinoma do cólon e do reto. In:Bosman FT,Carniero F, Hruban RH,Theise D (eds) : Classificação da OMS de Tumores do Sistema Digestivo (4.ª Edn), IARC, Lyon 2010, pp 132-146.

97.Frazier AL, Colditz GA, Fuchs CS, Kuntz KM. Cost-effectiveness of colorectal cancer screening in the general population (Custo-eficácia do rastreio do cancro colorrectal na população em geral). JAMA2000;284:1954-61

98.Torre LA, Bray F, Siegel RL, Ferlay J, Lortet-Tieulent J, Jemal A. Globalcancerstatistics, 2012.CA Cancer J Clin. 2015;65(2):87-108.

99.Siegel EM, Ulrich CM, Poole EM, Holmes RS, Jacobsen PB, Shibata D. The effects of obesity and obesity-related conditions on colorectal cancerprognosis.Cancer Control. 2010 ; 17(1):52-7

100.   Kattentidt-Mouravieva AA, den Heijer M, van Kessel I, Wagner A. Howharmful is genetic testing for familial adenomatous polyposis (FAP) inyoung children; the parents' experience.Fam Cancer. 2014;13(3):391-9.

101.   Martinez-Useros J, Garcia-Foncillas J. Obesidade e cancro colorrectal: caraterísticas moleculares do tecido adiposo.J Transl Med. 2016;14(1):21.

102.   Parkin DM, Boyd L, Walker LC. 16. the fraction of cancer attributable to lifestyle and environmental factors in the UK in 2010. *Br J Cancer.* 2011; 105 Suppl 2:S77-81

103.   Milosevic VS, Vukmirovic FC, Krstic MS, Zindovic MM, Lj Stojanovic D, Jancic SA. Envolvimento da expressão do recetor da leptina na proliferação e neoangiogénese no carcinoma colorrectal.J BUON. 2015 ;20(1) : 100-8.

104.   Wang D, Chen J, Chen H, Duan Z, Xu Q, Wei M, Wang L, Zhong M. A leptina regula a proliferação e apoptose do carcinoma colorrectal através da via de sinalização PI3K/Akt/mTOR.J Biosci. 2012 ; 37(1):91- 101.

105.   Uddin S, Bavi PP, Hussain AR, Alsbeih G, Al-Sanea N, Abduljabbar A, Ashari LH, Alhomoud S, Al-Dayel F, Ahmed M, Al-Kuraya KS. Leptinreceptor expression in Middle Eastern colorectal cancer and its potentialclinical implication.Carcinogenesis. 2009 ;30(11):1832-40.

106.   Bartucci M, Svensson S, Ricci-Vitiani L, Dattilo R, Biffoni M, Signore M, Ferla R, De Maria R, Surmacz E. A hormona da obesidade leptina induz o crescimento e interfere com os efeitos citotóxicos do 5-fluorouracil nas células estaminais tumorais.Endocr Relat Cancer. 2010 ;17(3):823-33.

107.   Uddin S, Hussain AR, Khan OS, Al-Kuraya KS. Papel da expressão

desregulada de receptores de leptina e leptina na carcinogênese colorretal.Tumour Biol. 2014;35(2):871-9.

108.   Beales IL, Ogunwobi OO. A leptina aumenta sinergicamente anti-apoptóticos os efeitos e de promoção do crescimento ácido nas adenocarcinoma do esófago OE33 células de em cultura.Mol Cell Endocrinol. 2007 ; 274(1-2):60- 8.

109.   Yu JH, Kim H. Role of janus kinase/signal transducers and activators oftranscription in the pathogenesis of pancreatitis and pancreatic cancer.Gut Liver. 2012;6(4):417-22.

110.   Singh N, Hussain S, Bharadwaj M, Kakkar N, Singh SK, Sobti RC. Sobreexpressão de activadores de sinal (STAT-3 factores de transcrição transdutores e STAT-5) e alteração do supressor da citocinas proteína de sinalização de(SOCS-1) no cancro da próstata J .Recept Signal Transduct Res. 2012;32(6):321-7

111.   Abubaker K, Luwor RB, Zhu H, McNally O, Quinn MA, Burns CJ, Thompson EW, Findlay JK, Ahmed N. A inibição da **via** JAK2/STAT3 no cancro do ovário resulta na perda de caraterísticas semelhantes às células estaminais cancerígenas na e redução da carga tumoral.BMC Cancer. 2014 ; 14(1):317

112.   Malinowsky K, Nitsche U, Janssen KP, Bader FG, Spath C, Drecoll E, Keller G, Hofler H, Slotta-Huspenina J, Becker KF. A ativação da IP3K/AKT via correlaciona-se com o prognóstico no cancro do cólon em estádio II.Br J Cancer. 2014 ; 110(8):2081-9.

113.   El Homsi M, Ducroc R, Claustre J, Jourdan G, Gertler A, Estienne M, Bado A, Scoazec JY, Plaisancie P. Leptin modulates the expression ofsecreted and membrane-associated mucins in colonic epithelial cells bytargeting PKC, PI3K, and MAPK pathways.Am J Physiol Gastrointest Liver Physiol. 2007; 293(1):G365-73.

114.   Bjorbaek C, Uotani S, da Silva B, Flier JS. Divergent signaling capacitiesof the long and short isoforms of the leptin recetor.J Biol Chem. 1997 ;272(51):32686-95.

115.   Saxena NK, Sharma D, Ding X, Lin S, Marra F, Merlin D, Anania FA. A ativação concomitante da sinalização JAK/STAT, PI3K/AKT e ERK está envolvida na promoção da invasão e migração das células hepatocelular pela leptinado carcinoma . Cancer Res. 2007; 67(6):2497-507.

116.   Gao J, Tian J, Lv Y, Shi F, Kong F, Shi H, Zhao L. A leptina induz a

funcional ativação da ciclo-oxigenase-2 através das JAK2/STAT3, vias MAPK/ERK e PI3K/AKT nas células cancerígenas do endométrio humano.Cancer Sci. 2009 ;100(3):389-95.

117. Yoon KW, Park SY, Kim JY, Lee SM, Park CH, Cho SB, Lee WS, Joo YE, Lee JH, Kim HS, Choi SK, Rew JS. Adesão induzida por leptina e invasão em linhas celulares de câncer colorretal.Oncol Rep. 2014; 31 (6): 2493-8.

118. Ratke J, Entschladen F, Niggemann B, Zanker KS, Lang K. Leptinstimulates the migration of colon carcinoma cells by multiple signalingpathways.Endocr Relat Cancer. 2010 ; 17(1):179-89.

119. Liu H, Wan D, Pan Z, Cao L, Wu X, Lu Z, Kang T. Expressão e biológico significado da leptina, do recetor da leptina, do VEGF e do CD34 no carcinoma colorectal.Cell Biochem Biophys. 2011; 60(3):241-4.

120. Zhou YJ, Ye Q, Lu HS, Yang YH, Guan GX, Huang CM, Wang C, Zhang I. Associação da densidade de microvasos e da invasão de vasos sanguíneos com o prognóstico do carcinoma do reto em estádio I-II Zhonghua .Wei Chang Wai Ke Za Zhi. 2010 ;13(7):516-9)

121. Erkasap N, Ozkurt M, Erkasap S, Yasar F, Uzuner K, Ihtiyar E, Uslu S, Kara M, Bolluk O. Leptin recetor (Ob-R) mRNA expression and serumleptin concentration in patients with colorectal and metastatic colorectalcancer.Braz J Med Biol Res. 2013;46(3):306-10.

122. Carraway L, RamsauerVP, Haq, B.& Carothers Carraway CA. Sinalização celular através de mucinas de membrana. Bioessays 2003; 25(1), 66-71

123. Jass JR, Walsh MD. Expressão alterada da mucina no trato gastrointestinal: uma revisão. J Cell Mol Med 2001; 5:327-51

124. Matsushita Y, Yamamoto N, Shirahama H, Tanaka S, Yonezawa S, Yamori T, Irimura T, Sato E. Expressão de sulfomucinas em mucosas normais, adenocarcinomas colorrectais e metástases. Jpn J Cancer Res. 1995; 86(11):1060-7

125. Byrd JC, Bresalier RS. Mucinas e proteínas de ligação às mucinas no cancro colorrectal. Cancer Metastasis Rev 2004; 23(1-2): 77-99.

126. InagakiY, Xu H, Nakata M, Seyama Y, Hasegawa K, Sugawara Y, Tang W, Kokudo N. Clinicopathology of sialomucin: MUC1, in particular KL-6mucin, in gastrointestinal, liver and pancreatic cancers.Biosci Trends. 2009; 3(6):220-32.

127. Corfield AP, Myerscough N, Warren BF, *et al.* Redução da acetilação do ácido siálico O- nas mucinas do cólon humano na sequência adenoma-

carcinoma. Glycoconj J1999; 16:307-17

128. Williams SJ, McGuckin MA, Gotley DC, *et al.* Dois novos genes de mucina regulados para baixo no cancro colorrectal identificados por visualização diferencial. CancerRes1999;59:4083-9.

129. Saez C,Japon MA,Poveda MA,Segura DI : Os adenocarcinomas mucinosos (colóides) segregam diferentes formas O-aciladas de sialomucinas: um estudo histoquímico de adenocarcinomas gástricos, colorrectais e da mama.Histopatologia 2001; 39:554-560.

130. Milosevic V, Vukmirovic F, Zindovic M, Krstic M, Milenkovic S, Jancic S. Interação entre a expressão do recetor da leptina e muco-histoquímicas as aberrações no adenocarcinoma colorrectal.Rom J Morphol Embryol. 2015;56(2 Suppl):709-16.

131. Adler KB, Tuvim MJ, Dickey BF. Regulated mucin secretion from airwayepithelial cells.Front Endocrinol (Lausanne). 2013;4:129

132. Huang XF, Chen JZ. Obesidade, a via de sinalização PI3K/Akt e cancro do cólon.Obes Rev. 2009 ;10(6):610-6.

133. Compton CC, Fielding LP, Burgart LJ, Conley B, Cooper HS, Hamilton SR, Hammond ME, Henson DE, Hutter RV, Nagle RB, Nielsen ML, Sargent DJ, Taylor CR, Welton M, Willett C.Prognostic factors incolorectal cancer. College of American Pathologists Consensus Statement1999.Arch Pathol Lab Med. 2000;124(7):979-94.

134. Fleming M, Ravula S, Tatishchev SF, Wang HL. Carcinoma colorrectal: aspectos patológicos.J Gastrointest Oncol. 2012;3(3):153-73.

135. Parente F Bargiggia S, Boemo Cet .Distribuição anatómica de cancros e adenomas colorrectais de acordo com a idade e o sexo e relação entre neoplasias proximais e distais numa coorte italiana de rastreio de risco médio i-FOBT-positivo.Int J Colorectal Dis. 2014;29(1):57-64.

136. Mogoanta SS, Vasile I, Totolici B, Neamju C, Streba L, Busuioc CJ, Mateescu GO. Cancro colorrectal - aspectos clínicos e morfológicos.Rom J Morphol Embryol. 2014;55(1):103-10

137. Jemal A, Bray F, Center MM, Ferlay J, Ward E, Forman D: Estatísticas globais do cancro. CA Cancer J Clin 2011;61:69-90.

138. Soliman PT, Oh JC, Schmeler KM, Sun CC, Slomovitz BM, Gershenson DM, Burke TW, Lu KH. Risk factors for young premenopausal women with endometrial cancer Obstet Gynecol. 2005;105(3):575-80.

139. Abu-Abid S, Szold A, Klausner J. Obesity and cancer (Obesidade e

cancro). Jornal de Medicina 2002;33:73-86

140. Cymbaluk A, Chudecka-Glaz A, Rzepka-Gorska I. soro em função do índice de massa corporal em pacientes com hiperplasia e do endométrioNíveis de leptina no cancro .Eur J Obstet Gynecol Reprod Biol. 2008;136(1):74-7

141. lemura A, Douchi T, Yamamoto S, et al. Body fat distribution as a risk fator of endometrial cancer. J Obstet Gynaecol Res 2000;26:421-5.

142. Hong WX , Matthews C,Xiang YB, Zheng W, RuanX,,Cheng RJ et al :Effect of Adiposity and Fat Distribution on Endometrial Cancer Risk in Shanghai Women. Jornal de Epidemiologia de 2005,161(10):929-947

143. Wang CF, Zhang G, Zhao LJ, Li XP, Qi WJ, Wang JL, Wei LH. Efeitos da insulina, fator de crescimento semelhante à insulina-I e -II na proliferação e intracelular sinalização em células de carcinoma do endométrio com diferentes expressão níveis de da isoforma A do recetor de insulina.Chin Med J (Engl). 2013;126(8):1560-6.

144. Kaaks R, Lukanova A, Kurzer MS. Obesidade, hormonas endógenas e do endométriorisco de cancro : uma revisão sintética.Cancer Epidemiol Biomarkers Prev. 2002;11(12):1531-43

145. Petridou E, Belechri M, Dessypris N, Koukoulomatis P, Diakomanolis E, Spanos E, Trichopoulos D. Leptin and body mass index in relation to endometrial cancer risk.Ann Nutr Metab. 2002;46(3-4):147-5

146. Petridou E, Mantzoros C, Dessypris N, Koukoulomatis P, Addy C, Voulgaris Z, Chrousos G, Trichopoulos D. Plasma adiponectinconcentrations in relation to endometrial cancer: a case-control study inGreece.J Clin Endocrinol Metab. 2003;88(3):993-7.

147. Wang PP, He XY, Wang R, Wang Z, Wang YG. High leptin level is anindependent risk fator of endometrial cancer: a meta-analysis.Cell Physiol Biochem. 2014;34(5):1477-84

148. Kitawaki J, Koshiba H, Ishihara H, Kusuki I, Tsukamoto K, Honjo H. Expressão do recetor de leptina no endométrio humano e flutuação durante o ciclo menstrual.J .Clin Endocrinol Metab. 2000 ;85(5):1946-50

149. Mendez-Lopez LF, Davila-Rodriguez MI, Zavala-Pompa A,Torres-Lopez E, Gonzalez-Martinez BE,Lopez-Cabanillas-Lomeli M. Expression ofleptin recetor in endometrial biopsies of endometrial and ovarian cancerpatients.Biomed Rep. 2013;1(4):659-663.

150. Yuan SS, Tsai KB, Chung YF, Chan TF, Yeh YT, Tsai LY, Su JH. Expressão aberrante e possível envolvimento do recetor da leptina no do

endométriocancro .Gynecol Oncol.2004;92(3):769-75.

151.   da leptina e do seu recetor (ObR) e a clinicopatologia no cancro do endométrioZhang Y, Liu L, Li C, Ai H. Análise de correlação entre a expressão . 2014;14(5):353-9.

152.   Koukourakis MI, Giatromanolaki A,Sivridis E,Fezoulidis I. Int J Radiat Oncol Biol Phys.2000;48(2):545-53.

153.   Schacter JL, Henson ES, Gibson SB. Regulação do estrogênio da anti-apoptótica Bcl-2 expressão do membro da família Mcl-1 em células de câncer de mama.PLoS One. 2014;9(6):e100364.

154.   Asseryanis E, Ruecklinger E, Hellan M, kubista E, Singer O tamanho do cancro da mama em mulheres pós-menopáusicas está correlacionado com o índice de massa corporal e os níveis séricos de androgénios. Gynecol *Endocrino/* 2004; 18: 29-36

155.   Rose DP, Komninou D & Stephenson GD 2004 Obesidade, adipocitocinas e resistência à insulina no cancro da mama. Obesity Reviews 2004; 5:153-165

156.   Falk R, Brinton L, Madigan M, Potischman N, Sturgeon S, Malone K, et al. Interrelationships between serum leptin, IGF-1, IGFBP3, C-peptide and prolactin and breast cancer risk in young women. Breast Cancer Research and Treatment. 2006 ; 98:157

157.   Harris HR, Tworoger SS, Hankinson SE, Rosner BA, Michels KB. Plasma leptin levels and risk of breast cancer in premenopausalwomen.Cancer Prev Res (Phila). 2011;4(9):1449-56.) .

158.   Rose DP, Vona-Davis L. The cellular and molecular mechanisms bywhich insulin influences breast cancer risk and progression.Endocr Relat Cancer. 2012;19(6):R225-41

159.   Gillespie EF, Sorbero ME, Hanauer DA, Sabel MS, Herrmann EJ, Weiser LJ, Jagielski CH, Griggs JJ. Obesidade e invasão angiolinfática no primáriocancro da mama .Ann Surg Oncol. 2010 ;17(3):752-9

160.   Ozet A, Arpaci F, Yilmaz llker M, et al Effect of tamoxifen on the serum leptin level in patients with breast cancer. Jpn J Clin Oncol, *31:424-7,* 2001

161.   Protani M, Coory M, Martin JH. Effect of obesity on survival in women with breast cancer: a systematic review and meta-analysis (Efeito da obesidade na sobrevivência de mulheres com cancro da mama: uma revisão sistemática e meta-análise). Breast Cancer Res Treat. 2010;123:627-35.

162.   Battle M, Gillespie C, Quarshie A, Lanier V, Harmon T, Wilson K, Torroella-Kouri M, Gonzalez-Perez RR. Sinalização leptina-Notch induzida

pela obesidade do eixo de no cancro da mama.Int J Cancer. 2014;134(7):1605-16

163.   Ercan C, Vermeulen JF, Hoefnagel L, Bult P, van der Groep P, van der Wall E, van Diest PJ. HIF-1a e sinalização NOTCH em carcinomas ductais e lobulares da mama.Cell Oncol (Dordr). 2012;35(6):435-42

164.   Guo S, Gonzalez-Perez R. Notch, IL-1 and leptin crosstalk outcome (NILCO) is critical for leptin-induced proliferation, migration and VEGF/VEGFR-2 expression in breast cancer. PLoS One. 2011;6:e21467.

165.   Gillespie C, Quarshie A, Penichet M, Gonzalez-Perez RR. Potential role of leptin signaling in DMBA-induced mammary tumors in nonresponsive C57BL/6J mice fed a high-fat diet. J Carcinogene Mutagene. 2012;3:2.

166.   Wang L, Tang C, Cao H, Li K, Pang X, Zhong L, Dang W, Tang H, Huang Y, Wei L, Su M, Chen T. A ativação de IL-8 através da dependente de PI3K/Akt via está envolvida na transição epitelial-mesenquimal mediada pela leptina em células de cancro da mama humano.Cancer Biol Ther. 2015;16(8):1220-30).

167.   Perera CN, Chin HG, Duru N & Camarillo IG 2008 Lepin regulated gene expression in MCF-7 breast cancer cells: mechanistic insights into leptin-regulated mammary tumor growth and progression. Jornal de Endocrinologia 2008;199(2):221-33

168.   Laud K, Gourdou I, Pessemesse L, Peyrat JP, Djiane J Identificação do recetor da leptina no cancro da mama humano: atividade funcional na linha celular de cancro da mama T47-D. Mol Cell Endocrinol, 2002; 188: 219-26

169.   Ishikawa M, Kitayama J, Nagawa H. Expressão reforçada do da leptina e da leptina recetor (OB-R) no cancro da mama humano.Clin Cancer Res. 2004;10(13):4325-31.

170.   Hu X, Juneja SC, Maihle NJ, Cleary MP Leptin-a growth fator in normal and malignant breast cells and for normal mammary gland development. Instituto Nacional do Cancro (Bethesda),. 2002 ; 94 : 1704-11

171.   Dubois V, Jarde T, Delort L, Billard H, Bernard-Gallon D, Berger E, Geloen A, Vasson MP, Caldefie-Chezet F. A leptina induz uma resposta proliferativa em células de cancro da mama, mas não em células normais da mama.Nutr Cancer. 2014;66(4):645-55

172.   Vona-Davis L & Rose DP: Angiogénese, adiponectinas e cancro da mama. Cytokine Growth F ator Rev 2009,193-201.

173.   Fruhbeck G: Vias de sinalização intracelular activadas pela leptina.

Biochemical Journal; 2006, 393 7-20.

174.   Printz C. Obesidade associada a maior mortalidade em mulheres com ERpositivocancro da mama .Cancer. 2014;120(21):3267.

175.   Kyogoku S, Hirohata T, Takeshita S, Nomura Y, Shigematsu T, Horie A Survival of breast-cancer patients and body size indicators. Int J Cancer, 1990;46:824-31

176.   Marttunen MB, Andersson S, Hietanen P, Karonen SL, Koistinen HA, Koivisto VA, Tiitinen A, Ylikorkala O. Os antiestrogénios tamoxifeno e toremifeno aumentam os níveis séricos de leptina em pacientes pós-menopáusicas com cancro da mama.Maturitas. 2000 ;35(2):175-9.

177.   Garcia-Robles MJ, Segura-Ortega JE, Fafutis-Morris M. A biologia da leptina e as suas implicações no cancro da mama: uma visão geral.J Interferon Cytokine Res. 2013;33(12):717-27

178.   Guo S, Liu M, Wang G, Torroella-Kouri M, Gonzalez-Perez RR. Papel oncogénico e alvo terapêutico da sinalização da leptina no cancro da mama e nas células estaminais cancerígenas.Biochim Biophys Ata. 2012 ;1825(2):207-22

179.   Leitzmann MF, Rohrmann S: Factores de risco para o desenvolvimento do cancro da próstata: idade, localização e correlações comportamentais. Clin Epidemiol,2012;4: 1-11

180.   Paz-Filho G, Lim EL, Wong ML, Licinio J: Associações entre adipocinas e cancro relacionado com a obesidade. Front Biosci (Landmark Ed), 2011; 16:1634-1650

181.   van Kruijsdijk RC, van der Wall E, Visseren FL: Obesidade e cancro: o papel do tecido adiposo disfuncional. Cancer Epidemiol Biomarkers Prev 2009;18: 2569-2578

182.   Moreira A, Pereira SS, Costa M, Morais T, Pinto A, Fernandes R, Monteiro MP. Factores secretados pelos adipócitos aumentam a agressividade das do carcinoma da próstatacélulas .PLoS One. 2015;10(4):e0123217.

183.   Hoon Kim J, Lee SY, Myung SC, Kim YS, Kim T-H, Kim MK. Clinical significance of leptin and leptin recetor expressions in prostate tissues. Asian J Androl. 2008; 10: 923-8.

184.   Kim JH, Lee SY, Myung SC, Kim YS, Kim T-H, Kim MK. Clinical significance of leptin and leptin recetor expressions in prostate tissues. Asian J Androl. 2008; 10: 923-8.

185.   Singh SK, Griffson JJ, Mavuduru RS, Agarwal MM, Mandal AK, Jha V.

Serum leptin: a marker of prostate cancer irrespective of obesity.Cancer Biomark. 2010;7(1):11-5.

186.   Chang S, Hursting SD, Contois JH, Strom SS, Yamamura Y, Babalan et all : Leptin and prostate cancer. Prostate2001; 46: 62-67,

187.   Drew JE. Mecanismos moleculares que ligam as adipocinas ao cancro do cólon relacionado com a obesidade: foco na leptina. Proc Nutr Soc. 2012; 71: 175-80.

188.   Gade-Andavolu R, Cone LA, Shu S, Morrow A, Kowshik B, Andavolu MV. Interações moleculares da leptina e do cancro da próstata. Cancer J. 2006 ;12(3):201-6.

189.   Saglam K, Aydur E, Yilmaz M, Goktas S. Leptin influences cellular differentiation and progression in prostate cancer. J Urol. 2003 ; 169 : 1308-11.

190.   Osorio CF, Souza DB, Gallo CB, Costa WS, Sampaio FJ. Expressões dos receptores de leptina e leptina em tumores de próstata podem predizer a agressividade da doença?Ata Cir Bras. 2014;29 Suppl 3:44-8.

191.   Hoda MR, Hamza A, Fischer K, Wagner S, Schneider J, Heynemann H, Fornara P. Obesity as a risk fator for prostate cancer: role for adipocytokines and involvement of tyrosine kinase pathwayAktuelle Urol. 2010;41(3):178-83)

192.   Osawa H, Onuma H, Makino H. Current status of study for type 2 diabetes susceptibility genes Nihon Rinsho. 2002;60 Suppl 8:271-6.

193.   Onuma M, Bub JD, Rummel TL, Iwamoto Y. Prostate cancer celladipocyte interaction: leptin mediates androgen-independent prostate cancer cell proliferation through c-Jun NH_2-terminal kinase. *Journal of Biological Chemistry*. 2003;278(43):42660-42667

194.   Deo DD, Rao AP, Bose SS, Ouhtit A, Baliga SB, Rao SA, Trock BJ, Thouta R, Raj MH, Rao PN. Differential effects of leptin on the invasivepotential of androgen-dependent and -independent prostate carcinomacells.J Biomed Biotechnol. 2008;2008:163902.

195.   Drabik A, Ciolczyk-Wierzbicka D, Dulinska-Litewka J, Bodzon-Kulakowska A, Suder P, Silberring J, Laidler P. Um estudo comparativo dos glicoproteomas em celulares de cancro da próstata sensíveis e independentes dos androgénioslinhas .Mol Cell Biochem. 2014 ;386(1-2):189-98

196.   Somasundar P, Frankenberry KA, Skinner H, Vedula G, McFadden DW,
        i.   Riggs D, Jackson B, Vangilder R, Hileman SM, Vona-Davis LC. Prostatecancer cell proliferation is influenced by leptin.J Surg Res.
        ii. 2004;118(1):71-82.

197. Alazawi W, Cunningham M, Dearden J, Foster GR. Revisão sistemática: resultados da cirrose compensada devido à infeção crónica pelo vírus da hepatite C. Aliment Pharmacol Ther2010; 32: 344-355

198. Wang YY, Lin SY. Leptin in relation to hepatocellular carcinoma in patients with liver cirrhosis. Horm Res 2003;60:185-90.

199. Sadik NA, Ahmed A, Ahmed S. A importância dos níveis séricos de adiponectina, leptina e ácido hialurónico no carcinoma hepatocelular de cirróticos pacientes e não cirróticos.Hum Exp Toxicol. 2012 ;31(4):311-21

200. Wang XJ, Yuan SL, Lu Q, et al. Potencial envolvimento da leptina na
     i. carcinogénese do carcinoma hepatocelular. World J
     ii. Gastroenterol .2004;10:2478-81.

201. Wang SN, Chuang SC, Yeh YT, Yang SF, Chai CY, Chen WT, Kuo KK, Chen JS, Lee KT. Potencial valor prognóstico do recetor da leptina no hepatocelularcarcinoma .J Clin Pathol. 2006;59(12):1267-71.

202. Scharf MT, Ahima RS. Gut peptides and other regulators in obesity (Peptídeos intestinais e outros reguladores da obesidade). Semin Liver Dis 2004;24:335-47.

203. Wang SN, Yeh YT, Yang SF, Chai CY, Lee KT. Potencial papel da expressão da leptina no carcinoma hepatocelular.J Clin Pathol. 2006 ;59(9):930-4.

204. Thompson KJ, Lau KN, Johnson S, Martinie JB, Iannitti DA, McKillop IH, Sindram D. A leptina inibe a proliferação do carcinoma hepatocelular viap38-MAPK-dependente signalling.HPB (Oxford). 2011 ;13(4):225-33).

205. Chen C, Chang YC, Liu CL, Liu TP, Chang KJ, Guo IC. A leptina induz a proliferação e a anti-apoptose em células de hepatocarcinoma humano através da regulação positiva da ciclina D1 e da regulação negativa da Bax através de uma via relacionada com a Janus kinase 2. 2007 ; 14(2):513-29.)

206. Watanabe N, Takai K, Imai K, Shimizu M, Naiki T, Nagaki M, Moriwaki H. O aumento dos níveis de leptina sérica é um fator de risco para a recorrência de de estádio carcinoma hepatocelular I/II após tratamento curativo.J .Clin Biochem Nutr. 2011;49(3):153-8

207. Nagini S. Carcinoma do estômago: Uma revisão da epidemiologia, patogénese, genética molecular e quimioprevenção. World J Gastrointest Oncol. 2012;4(7):156-69

208. Parkin DM: variação internacional. Oncogene 2004; 23: 6329-6340

209. Lauwers GY,Carneiro F,Graham DY,Curado MP,Franceschi

S,Montgomery E, Tatematsu M, Hattori T : Carcinoma gástrico.In : Bosman FT, Carniero F,Hruban RH,Theise ND (eds) : WHO Classification of Tumours of the Digestive System. Imprensa IARC, Lyon 2010

210.   Fock KM. Artigo de revisão: a epidemiologia e a prevenção do cancro gástrico.Aliment Pharmacol Ther. 2014;40(3):250-60.

211.   Inagaki-Ohara K, Okamoto S, Takagi K, Saito K, Arita S, Tang L, Hori T, Kataoka H, Matsumoto S, Minokoshi Y. A sinalização do recetor de leptina é necessária para a gastrite atrófica induzida por dieta rica em gordura em camundongos.Nutr Metab (Lond). 2016;13:7.

212.   Dutta SK, Arora M, Kireet A, Bashandy H, Gandsas A. Sintomas gastrointestinais superiores e perturbações associadas em doentes com obesidade mórbida: um estudo prospetivo. Dig Dis Sci. 2009;54:1243-6.

213.   Oliver P, Pico C, De Matteis R, Cinti S, Palou A. Expressão perinatal da leptina no estômago do rato.Dev Dyn. 2002;223(1) : 148-54.

214.   Sobhani I, Bado A, Vissuzaine C, Buyse M, Kermorgant S, Laigneau JP, Attoub S, Lehy T, Henin D, Mignon M, Lewin MJ.Leptin secretion andleptin recetor in the human stomach.Gut. 2000 ;47(2) : 178-83.

215.   Cinti S, Matteis RD, Pico C, Ceresi E, Obrador A, Maffeis C, Oliver J, Palou A. Os grânulos secretores das células endócrinas e principais da mucosa do estômago humano contêm leptina.Int J Obes Relat MetabDisord.2000;24(6):789-93.

216.   Wang L, Barachina MD, Martinez V, Wei JY, Tache Y. Interação sinérgica entre a CCK e a leptina para regular a ingestão de alimentos.Regul Pept. 2000 ;92(1-3):79-85

217.   Konturek PC, Konturek SJ, Brzozowski T, Jaworek J, Hahn EG. Role ofleptin in the stomach and the pancreas.J Physiol Paris. 2001;95(1-6):345- 54.

218.   Ishikawa M, Kitayama J, Nagawa H. Expression pattern of leptin andleptin recetor (OB-R) in human gastric cancer.World J Gastroenterol. 2006 ;12(34):5517-22.

219.   Hong SJ, Kwon KW, Kim SG, Ko BM, Ryu CB, Kim YS, Moon JH, Cho JY, Lee JS, Lee MS, Shim CS, Kim BS. Variação da expressão da gastricleptina com a diferenciação e o padrão de crescimento no adenocarcinoma gástrico. 2006;33(2):66-71

220.   Zhao X, Huang K, Zhu Z, Chen S, Hu R. Correlação entre a expressão da leptina e as caraterísticas clinicopatológicas e o prognóstico em pacientes com gástricocancro .J Gastroenterol Hepatol. 2007;22(8):1317-21.

221.   Azuma T, Suto H, Ito Y, Ohtani M, Dojo M, Kuriyama M, Kato T. Gastric leptin and Helicobacter pylori infection.Gut. 2001 ;49(3) : 324-9.

222.   Yoshizawa N, Yamaguchi H, Yamamoto M, Shimizu N, Furihata C, Tatematsu M, Seto Y, Kaminishi M. A carcinogénese gástrica por N-Metil-N-nitrosoureia é reforçada em ratos diabéticos db/db.Cancer Sci. 2009;100(7):1180-5.

223.   Schneilder R, Bomstein SR, Chrousos GP, Boxberger S, Ehninger G, Breidert M.: A leptina medeia uma resposta proliferativa em células da mucosa gástrica humana com recetor functonal. Horm Metab Res2001; 33: 1-6

224.   Malvezzi M, Bertuccio P, Levi F, La Vecchia C, Negri E. Previsões europeias de mortalidade por cancro para o ano de 2013. Ann Oncol. 2013;24:792- 800

225.   Siegel R, Ward E, Brawley O, Jemal A. Estatísticas do cancro, 2011: o impacto da eliminação das disparidades socioeconómicas e raciais nas mortes prematuras por cancro. CA Cancer J Clin. 2011;61:212-236

226.   Matsuo K, Ito H, Wakai K, et al; Grupo de Investigação para o Desenvolvimento e Avaliação de Estratégias de Prevenção do Cancro no Japão. Tabagismo e risco de cancro do pâncreas: uma avaliação baseada numa revisão sistemática das provas epidemiológicas na população japonesa. Jpn J Clin Oncol 2011;41:1292-302.

227.   Tramacere I, Scotti L, Jenab M, et al. Alcohol drinking and pancreatic cancer risk: a meta-analysis of the dose-risk relation. Int J Cancer 2010;126:1474-86.

228.   Maisonneuve P, Lowenfels AB. Factores de risco para o cancro do pâncreas: uma revisão sumária de estudos meta-analíticos.Int J Epidemiol. 2015;44(1):186-98.

229.   Mendonsa AM, Chalfant MC, Gorden LD e VanSaun MN: Modulation of the Leptin Recetor Mediates Tumor Growth and Migration of Pancreatic Cancer Cells. PLoS One. 2015 ; 10(4) : e0126686.

230.   G^siorowska A, Talar-Wojnarowska R, Kaczka A, Borkowska A, Czupryniak L, Malecka-Panas E. Role of adipocytokines and itscorrelation with endocrine pancreatic function in patients withpancreaticcancer.Pancreatology. 2013;13(4):409-14.

231.   Zyromski NJ, Mathur A, Pitt HA, Wade TE, Wang S, Nakshatri P, et al. A obesidade potencia o crescimento e a disseminação do cancro do pâncreas. Surgery. 2009; 146(2):258-63.

232. White PB, True EM, Ziegler KM, Wang SS, Swartz-Basile DA, Pitt HA, Zyromski NJ. A insulina, a leptina e os adipócitos tumorais promovem cancro pancreático murinoo crescimento do . 2010;14(12):1888-93 ;

233. Krechler T, Zeman M, Vecka M, Macasek J, Jachymova M, Zima T, Zak A. Leptina e adiponectina no cancro do pâncreas: relação com a diabetes mellitus.Neoplasma.2011;58(1):58-64.

234. Pezzilli R, Barassi A, Corsi MM, A. Morselli-Labate M,Campana D, Casadei R, .et al : A leptina sérica, mas não a adiponectina e o recetor de produtos finais de glicação avançada, é capaz de distinguir a pancreatite autoimune da pancreatite crónica e das neoplasias pancreáticas. Scand J Gastroenterol, 2010, 45(1), 93-9

235. Zhu B, Liu S, Liu J, Wan F. Effect of serum leptin on nutritional status of cancer patientsWei Sheng Yan Jiu. 2002;31(2): 100-2

236. Grigor'eva IN, Efimova OV, Suvorova TS, Tov NL. Pancreatite, cancro do pâncreas e obesidade: hipóteses e factosEksp Klin Gastroenterol. 2014 ;(9):4-10.

237. Somasundar P, Yu AK, Vona-Davis L, McFadden DW. Differentialeffects of leptin on cancer in vitro.J Surg Res. 2003 Jul;113(1):50-5.Buyse M, Aparicio T, Guilmeau S, Goiot H, Sobhani I, Bado A. Acções parácrinas da leptina derivada do estômago .Med Sci (Paris). 2004;20(2):183-8

238. Buyse M, Aparicio T, Guilmeau S, Goiot H, Sobhani I, Bado A. Acções parácrinas da leptina derivada do estômago .Med Sci (Paris). 2004;20(2):183-8

239. Seufert J. Leptin effects on pancreatic beta-cell gene expression andfunction.Diabetes. 2004;53 Suppl 1:S152-8.

240. Tuduri E, Marroqui L, Soriano S, Ropero AB, Batista TM, Piquer S, Lopez-Boado MA, Carneiro EM, Gomis R, Nadal A, Quesada I. Inhibitory effects of leptin on pancreatic alpha-cell function.Diabetes. 2009;58(7):1616-24.

241. Siegel RL, Miller KD, Jemal A. Estatísticas do cancro, 2015.CA Cancer J Clin.

242. ;65(1):5-29

243. Siegel RL, Miller KD, Jemal A. Cancerstatistics, 2016.CA Cancer J Clin.

244. ;66(1):7-30.

245. Amdur RJ, Mazzaferri EL. Incidência, prevalência, recorrência e mortalidade do cancro diferenciado da tiroide. In: Amdur RJ, Mazzaferri EL (eds). Essentials of thyroid cancer management. Nova Iorque: Springer; 2005:

123-140.

246.   De Lellis RA,Williams ED: Tumores da tiroide e paratiroide: Introdução. In: De Lellis RA, Lloyd RV, Heitz PU, Eng C (eds): Pathology and Genetics of Tumours of Endocrine Organs (Patologia e Genética dos Tumores dos Órgãos Endócrinos). IARC Press,Lyon,2004 : 51-56

247.   Peterson E, De P, Nuttall R. IMC, dieta e factores reprodutivos femininos como riscos para o cancro da tiroide: uma revisão sistemática. PLoS One. 2012;7(1):e29177

248.   Horn-Ross PL, Canchola AJ, Ma H, Reynolds P, Bernstein L. Hormonal factors and the risk of papillary thyroid cancer in the California Teachers Study cohort. Cancer Epidemiol Biomarkers Prev. 2011;20(8):1751-1759

249.   Kitahara CM, Platz EA, Freeman LE, et al. Obesidade e risco de cancro da tiroide entre homens e mulheres dos EUA: uma análise conjunta de cinco estudos prospectivos. Cancer Epidemiol Biomarkers Prev. 2011;20(3):464-472

250.   Almquist M, Johansen D, Bjorge T, et al. Metabolic factors and risk of thyroid cancer in the Metabolic syndrome and Cancer project (Me-Can). Cancer Causes Control. 2011;22(5):743-751

251.   Pappa T, Alevizaki M. Obesidade e cancro da tiroide: uma atualização clínica.Thyroid. 2014 ;24(2):190-9

252.   Rehem RA, Elwafa WA, Elwafa RA, Abdel-Aziz TE.Estudo da leptina sérica no carcinoma bem diferenciado da tiroide: correlação com as paciente e caraterísticas do do tumor.World J Surg. 2014;38(10):2621-7.

253.   Akinci M, Kosova F, Cetin B, Aslan S, Ari Z, Cetin A. Níveis de leptina no da tiroidecancro .Asian J Surg. 2009;32(4):216-23

254.   Kim WG, Park JW, Willingham MC, Cheng S. A obesidade induzida pela dieta aumenta o crescimento do tumor e promove a alteração anaplásica no cancro da tiroide através da ativação da via de sinalização JAK2-STAT3 num modelo de rato. Endocrinology. 2013;154:2936-2947

255.   Di Cristofano A. Obesidade e cancro da tiroide: será a leptina a (única) ligação? Endocrinology. 2013 ;154(8):2567-9.

256.   Langsteger W, Koltringer P, Wolf G, Dominik K, Buchinger W, Binter G, Lax S, Eber O. The Impact of Geographical, Clinical, Dietary and Radiation-induced Features in Epidemiology of Thyroid Cancer. Eur J Cancer 1993;29:1547-53.

257.   Uddin S, Bavi P, Siraj AK, Ahmed M, Al-Rasheed M, Hussain AR, Ahmed M, Amin T, Alzahrani A, Al-Dayel F, Abubaker J, Bu R e Al- Kuraya

KS. Leptina-R e a sua associação com a via de sinalização PI3K/AKT no carcinoma papilar da tiroide. Endocr Relat Cancer 2010; 17: 191-202.

258.   Cheng SP, Chi CW, Tzen CY, Yang TL, Lee JJ, Liu TP e Liu CL. Significado clinicopatológico das expressões da leptina e do recetor da leptina no carcinoma papilar da tiroide. Surgery 2010; 147: 847-853.

259.   Cheng SP, Yin PH, Chang YC, Lee CH, HuangSY e Chi CW. Papéis diferenciais da leptina na regulação da migração celular em células de cancro da tiroide. Oncol Rep 2010; 23: 1721-1727.

260.   Fan YL, Li XQ. Expressão da leptina e do seu recetor no carcinoma da tiroide: significado prognóstico distinto em diferentes subtipos.Clin Endocrinol (Oxf). 2015;83(2):261-7.

261.   Kim WG, Choi HJ, Kim WB, et al. As actividades basais de STAT3 estão negativamente correlacionadas com o tamanho do tumor nos carcinomas papilares da tiroide. J Endocrinol Invest. 2012;35(4):413-418

262.   Paes JE, Hua K, Nagy R, Kloos RT, Jarjoura D, Ringel MD. The relationship between body mass index and thyroid cancer pathology features and outcomes: a clinicopathological cohort study. J Clin Endocrinol Metab. 2010;95(9):4244-4250

263.   Pascual D, Borque A. Epidemiologia do cancro do rim. Adv Urol 2008; 2008:782381.

264.   McLaughlin JK, Lipworth L, Tarone RE. Epidemiological aspects of renal cell carcinoma. Semin Oncol 2006;33:527-533.

265.   Lindblad P. Epidemiology of renal cell carcinoma. Scan J Surg 2004;93:88- 06.

266.   Lipworth L, Tarone RE, McLaughlin J. The Epidemiology of Renal Cell Carcinoma. J Urol 2006;176:2353-2358.

267.   Calle EE, Kaaks R. Overweight, obesity and cancer: epidemiological evidence and proposed mechanisms. Nat Rev Cancer. 2004;4:579-591

268.   Chow WH, Gridley G, Fraumeni JF, Jarvholm B. Obesity, hypertension and the risk of Kidney cancer in men (Obesidade, hipertensão e risco de cancro do rim nos homens). N Engl J Med 2000;343:1305-1311.

269.   Luo J, Margolis KL, Adami HO, Lopez AM, Lessin L, Ye W. Body size, weight cycling, and risk of renal cell carcinoma among postmenopausal women: the Women's Health Initiative (United States) American journal of epidemiology. 2007;166:752-759.

270.   Renehan AG, Tyson M, Egger M, Heller RF, Zwahlen M. Body-mass

index and incidence of cancer: a systematic review and meta-analysis of prospective observational studies. Lancet. 2008;371:569-57

271.   Liao LM, Schwartz K, Pollak M Graubard BI, Li Z, Ruterbusch J, Rothman N, Davis F, Wacholder S, Colt J, Chow WH, Purdue MP. Níveis de e adiponectina e o risco de carcinoma de células renais.Serumleptin Obesity (Silver Spring). 2013;21(7):1478-85..

272.   Renehan AG, Roberts DL, Dive C. Obesity and cancer: pathophysiological and biological mechanisms (Obesidade e cancro: mecanismos fisiopatológicos e biológicos). Arch Physiol Biochem. 2008;114:71-83.

273.   Li L, Gao Y, Zhang LL, He DL. A ativação concomitante da sinalização JAK/STAT3 e ERK1/2 está envolvida na proliferação mediada pela leptina das células Caki-2 do carcinoma de células renais. Cancer biology & therapy. 2008;7:1787-1792.

274.   Horiguchi A, Sumitomo M, Asakuma J, et al. Increased serum leptin levels and over expression of leptin receptors are associated with the invasion and progression of renal cell carcinoma. J Urol. 2006;176:1631- 1635.

275.   Horiguchi A, Sumitomo M, Asakuma J, et al. Leptin promotes invasiveness of murine renal cancer cells via extracellular signal-regulated kinases and rho dependent pathway. J Urol. 2006;176:1636-1641

276.   Horiguchi A, Sumitomo M, Asakuma J, Asano T, Zheng R, Asano T, Nanus DM, Hayakawa M. Increased serum leptin levels and overexpression of leptin receptors are associated with the invasion andprogression of renal cell carcinoma.J Urol. 2006;176(4 Pt 1):1631-5

277.   Spyridopoulos TN, Petridou ET, Dessypris N, et al. Inverse association of leptin levels with renal cell carcinoma: results from a case-control study. Hormonas (Atenas) 2009;8:39-46.

Adições :

Legenda:

Fig. 1 Expressão moderada e focal de LEPR em adenocarcinoma colorrectal (ABC x 200);

Fig. 2 Expressão microgranular pronunciada de LEPR no citoplasma e na membrana celular de glândulas cancerosas (ABC x 400);

Fig. 3 Expressão de LEPR em adenocarcinoma colorrectal e em tecidos não tumorais;

Fig. 4: Elevada atividade proliferativa num tumor colorrectal pouco diferenciado. adenocarcinoma (ABCx400) ;

Fig. 5 Distribuição do índice de proliferação em função da expressão de LEPR;

Fig. 6 Baixa atividade proliferativa em tecidos de adenocarcinoma colorrectal (ABCx200) ;

Fig. 7 Neovascularização pronunciada em doentes moderadamente a pouco diferenciados.
adenocarcinoma colorrectal ;

Fig. 8 Índice de distribuição da neoangiogénese em função da expressão de LEPR ;

Fig. 9 Expressão histoquímica intracelular pronunciada de sialomucina em adenocarcinoma colorrectal pouco diferenciado (AB - PAS pH 2,5 x 200) ;

Fig. 10 Distribuição das sialomucinas em função da expressão de LEPR ;

Fig. 11 Distribuição de sulfomucinas em relação à expressão de LEPR.

Figura 1

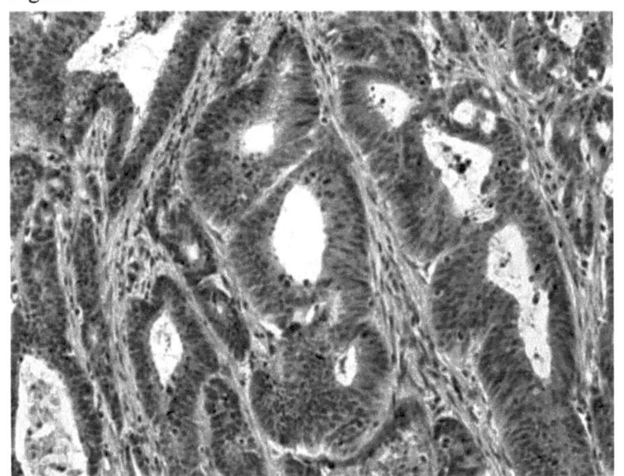

Figura 2

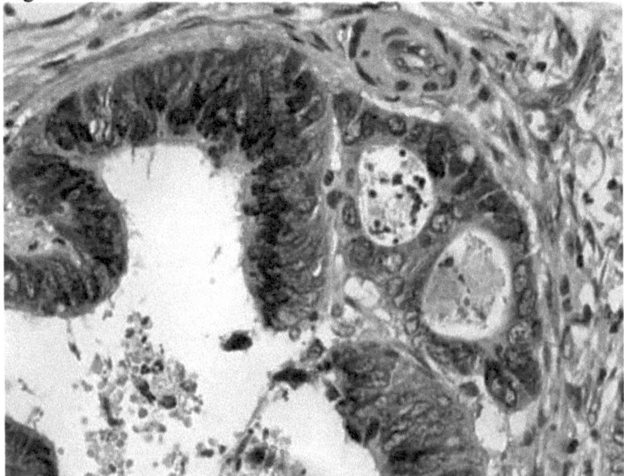

Figura 3

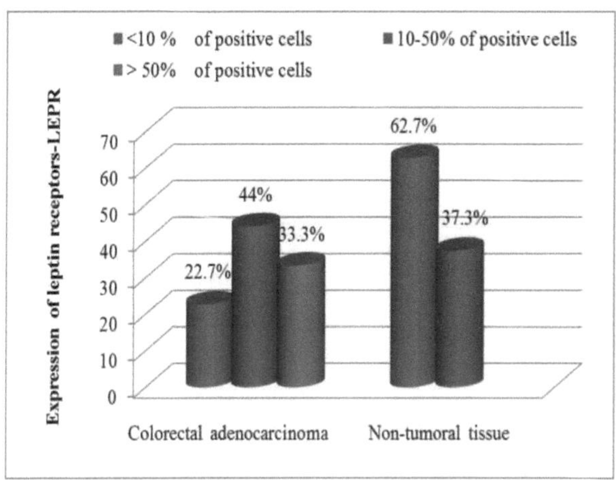

Figura 4

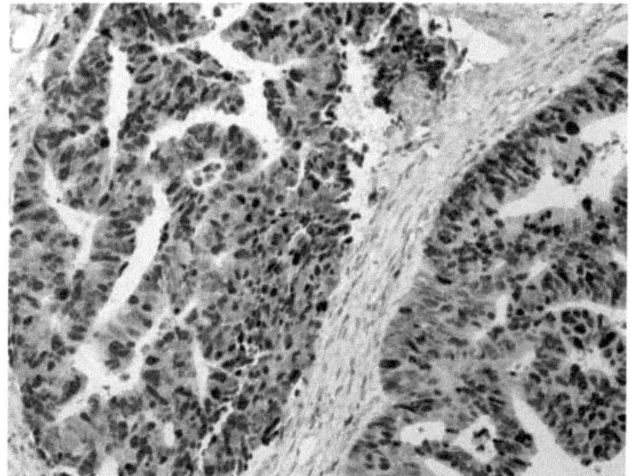

Figura 5

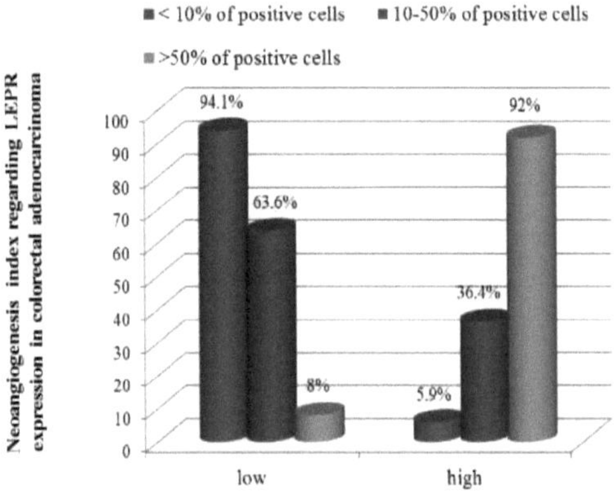

Figura 6

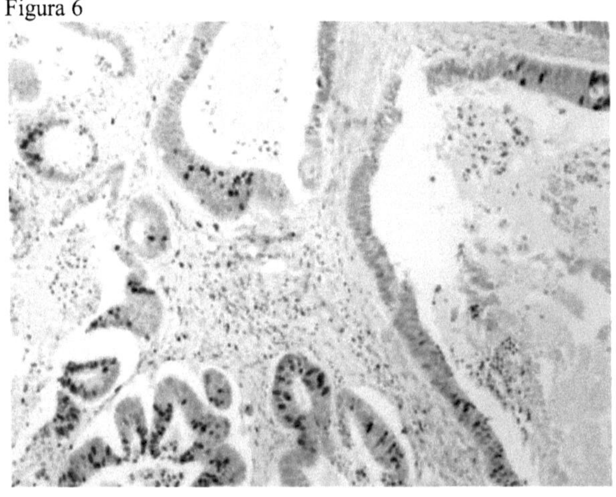

Figura 7

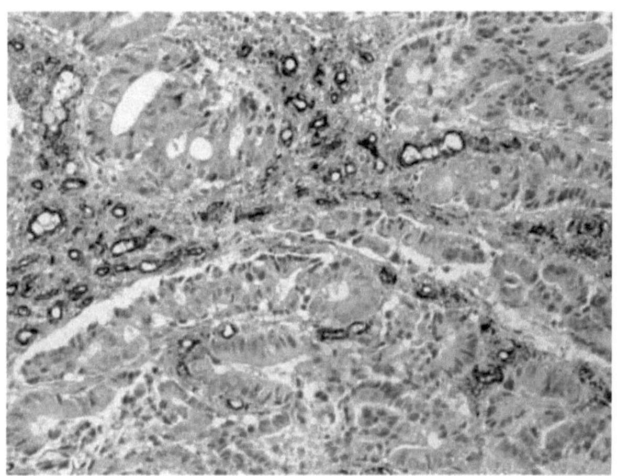

Figura 8.

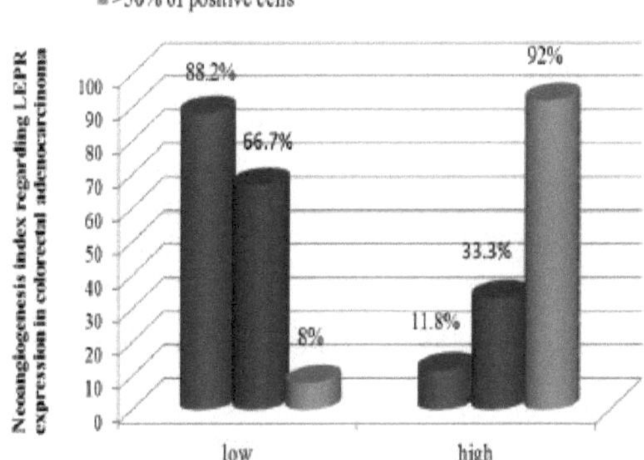

Figura 9

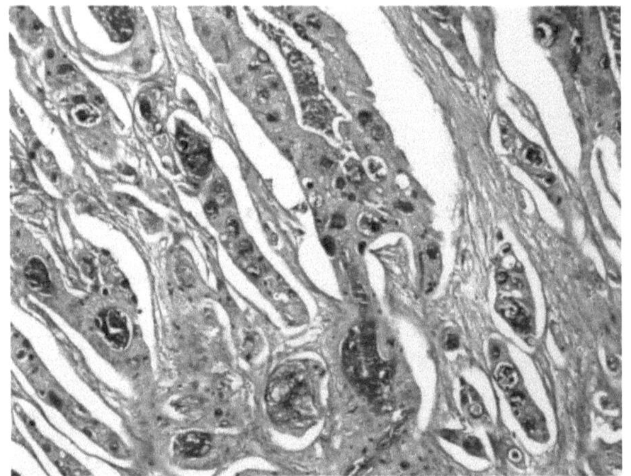

Figura 10.

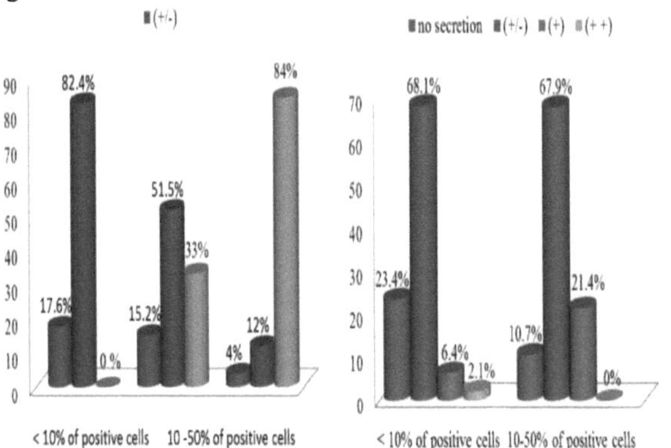

Figura 11

No secretion   (+/-)   (+)
(+)   (++)
80
70
60
50
40
30
20
10
0
23.5%
70.6%
5.9%
18.2%
60.6%
21.2%
60%
32%
8%
< 10% of positive cells   10 -50% of positive cells   >50% of positive cells
27.7%
72.3%
21.4%
78.6%
80
70
60
50
40
30
20
10
0
< 10% of positive cells   10 -50% of positive cells

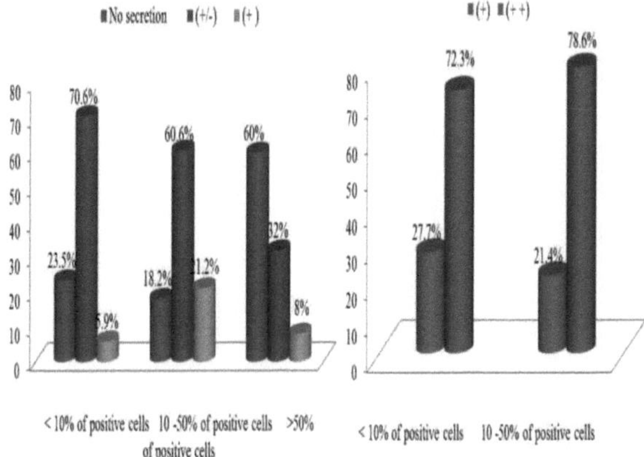

yes

I want morebooks!

Buy your books fast and straightforward online - at one of world's fastest growing online book stores! Environmentally sound due to Print-on-Demand technologies.

Buy your books online at
www.morebooks.shop

Compre os seus livros mais rápido e diretamente na internet, em uma das livrarias on-line com o maior crescimento no mundo! Produção que protege o meio ambiente através das tecnologias de impressão sob demanda.

Compre os seus livros on-line em
www.morebooks.shop

Printed by Books on Demand GmbH, Norderstedt / Germany